一般社団法人
介護離職防止対策促進機構代表理事
和氣《わき》美枝《みえ》

介護離職
しない、させない

毎日新聞出版

［序に代えて］

今、介護離職が止まらない！

「家族や大事な人の介護が始まったら、仕事を辞めるしかない」

介護のために、それまで勤めていた会社を辞める「介護離職」が止まりません。社会の中で大きなうねりとなって、私たちと私たちの暮らしを取り囲み、将来をも立ち塞ごうとしています。

介護離職自体はおそらくずいぶん前からあったのだと思いますが、実際に親や兄弟、親戚などの介護をしている人でなければ、あまり気がつかないことでした。それがどうして今、こんなに騒がれだしたのでしょう。

働きながら介護をしている人は現在240万人を超し、そのうちおよそ10万人が、介護離職をしているといわれています。この数字はちょっと驚きです。

つまり、他人事ではなくなっているのです。

介護離職の中心層は40代から60代です。こうした年齢が、一度仕事を辞めてしまうと再就職が容易でないのはすぐに想像がつくでしょう。経済的に追い込まれるだけではなく、肉体的や精神的にも追い詰められ、挙げ句の果てに虐待や自殺、殺人といった不幸な出来事に至る。すでにテレビや新聞で見聞きしたことがあるはずです。

会社という組織においては、介護離職者は働き盛りです。課長クラス以上の人が介護離職者全体の3割近くを占めます。そうした組織の要にいる人たちが突然辞めてしまうわけですから、その会社や職場が一時的に低迷するなど、大きな痛手を被ることも容易に想像がつきます。

また、一般的には年収の高い人が仕事を辞める、つまり無収入になってしまうので、国にとっては税収が減ることにもつながっていきます。

政府もこの状況を深刻にとらえ、2015年9月に発表したアベノミクス新３本の矢では「介護離職ゼロ」の文言を掲げたほど、まさに大きな社会問題となり始めたわけです。

そもそも、介護はどんな人にも突然やってくる可能性があります。

「私の親はまだ若いから……」「うちの親に限って」というのはもはや都市伝説に近い話です。厚生労働省の２０１６年1月介護保険事業状況報告（暫定）によると、75歳以上の32・４％に当たる約５２９万人の高齢者はなんらかの介護が必要な状態で、今後ますますその数が増えていくことが予想されます。

介護をする側の年代も若い世代に広がる傾向にあり、ヤングケアラーと呼ばれる30歳未満の介護をする人は、17万人とも20万人ともいわれています。もう、親戚縁者が誰もいない天涯孤独な人以外は、誰でも介護は起こりうる出来事なのです。

私も32歳から、母の介護が始まりました。

母はもともとはうつ病だったのですが、やがてアルツハイマー型認知症を併発し、同居で介護をして13年目を数えます（２０１６年5月現在）。

母はお金の管理ができません。ごはんも自分ではつくれません。曜日の感覚もありません。だから、１日のスケジュールも決められない。薬も間違って飲んでしまうことがあり、生活全般に支援が必要な状態です。

マンションディベロッパーの総合職で忙しく働いていた私の人生は、32歳を境に急変しました。最初は自分が介護を担う、いわゆる「介護者《かいごしゃ》」であることもわからず、ただ、突然目の前に起こる〝異変〟に翻弄され、自分の無知を知り、「わからないことがわからない」状態に陥りました。

介護に関する情報を収集しようにも、どこに、なにが、あるのかもわからない。にもかかわらず、周りの誰も助けてくれようとはせず、「世間はなんて冷たいんだ」と勝手に腹を立てて、日ごろのイライラを周囲にまき散らす。簡単に言ってしまえば「向かうところ敵ばかり」な状況を、自分でつくってしまったのです。

その頃の私は心がささくれ、意固地にもなって完全に自分を見失っていました。とっても大切なはずだった30代が、みるみる暗黒の30代に。たびたび会社を休むことになり、挙げ句の果てに「この仕事は好きじゃなかったかも?」と思い始めました。そして、「いったん辞めてリセットしよう」と、実は私も介護離職をしてしまったわけです。

でも、会社を辞めて初めて気がついたのは、仕事を辞めても介護は終わらないということでした。そして無職で無収入、社会から置き去りにされたひとりぼっちの自分がいることでした。

その後、介護者が集まる会の存在を知りました。私はいわゆる「ひとりでトイレに行く女子」だったので、群れたり愚痴ったり、傷のなめ合いをするような場は好きではありません。でも、他の介護者がどうしているのか、どんな介護をしているのかをどうしても知りたくて勇気を出して参加しました。

するると、誰も耳を貸そうともしなかった私の話を、会のみなさんは聞いてくれるのです。話をしながら大泣きを始めた私を、なんとも温かく迎え、包んでくれた。また、他の人が介護で苦しんでいる話を聞いて、「大変なのは私だけではなかったんだ」と変に安心もでき、不思議と元気づけられもしました。

その上、介護に関して悩んでいたことやわからないことを尋ねると、すぐに先輩や会のスタッフから答えが返ってくるではありませんか。まさに、私がほしい介護の情報がその会にあったのです。

「介護の情報（＝道具）は、介護を経験した介護者が一番持っている」

ところが、介護者のみなさんは自分の経験に価値があることを知らないし、気づいていない。しかも、毎日の介護に追われて声を上げる余裕すらありません。

当然、世間ではそうした介護者の存在が見逃されているし、埋もれてしまっています。このことがとても残念だし、もったいないと思ったのです。

しかも、介護者の会は平日、地域の公民館で行われることが多く、働いている人がなかなか参加しにくい。また、そこで交わされた会話の内容が外に公開されることもありませんでした。

「働きながらでも参加でき、情報もオープンにできるような会があるといいのでは」と思った私は、土曜日に都内のカフェで開く「働く介護者おひとり様介護ミーティング」を2013年に立ち上げました。

翌年には、埋もれている介護者の声や経験を広く発信するために、「ワーク&ケアバランス研究所」を株式会社ウェブユニオン（東京・渋谷区）の協力のもとに主宰し、「あなたの経験が誰かのためになる」「No More

介護離職」をキャッチフレーズにした介護者支援の活動を始めました。

２０１６年1月には一般社団法人介護離職防止対策促進機構（KAigorishoku Boushitaisaku Sokushinkikou、略してＫＡＢＳ）を発足し、行政・企業・介護業界・個人を巻き込んだ介護離職防止の啓発活動にも乗り出しています。

思うに、介護者の不幸は「選択肢が見えなくなること」なのです。目の前の事象でもうパニックになって、人生の選択肢が見えなくなってしまう。そして「介護が始まったら、会社を辞めるしかない」と勝手に思い込んで介護離職をしてしまうのです。

でも、それは大きな勘違いです。

介護が始まったからといって、会社を辞める必要など、絶対にありません。介護が始まっても今までと同じように、人生のいろいろな選択肢の中から自由に選ぶことができるのです。

介護が始まると、どうしても介護が必要な親などを優先に考えがちですが、自分の人生を最優先で考えて構わない。介護のために、自分の仕事も人生もあきらめる必要などないと私は考えています。

そして、私たち、介護をする側が笑顔でいること、それが介護をされる人への一番の介護だと信じています。

今、私たちのところには、全国の介護者たちからの声が集まっています。仕事と介護を両立させる知恵や工夫もどんどん蓄積されています。加えて、介護離職を止めようと様々な制度や環境づくりを試みる企業の取り組みも聞こえてきます。

そうした情報を整理し、発信する私たちが目指しているのは、ただただ「介護をしながら働くことが当たり前の社会」にすることです。

ただし、ひとつお伝えしておきます。仕事と介護の両立は「できる」のではなく、「やる」ことです。結果を受動的に待つのではなく、能動的に取りに行くという発想や行動力がない限り、仕事と介護の両立は難しいと思います。

そこで読者のみなさんに、「介護離職しない、させない」知恵と情報、それにスキルと工夫を、実際に両立させている介護者や、そうした社内の介護者を支援している企業の具体的な事例を交えながら、紹介していくことにしましょう。

と、偉そうなことを言っていますが、正直なところ、私も含めて「両立している」というよりも、「ギリギリ辞めていない」状態であることは否めません。

ちなみに、介護の世界は結構、専門用語が飛び交います。この本では、なるべく専門用語を使わずにわかりやすく伝えていこうと考えていますが、この言葉だけ覚えておいてください。

ひとつはもうすでに登場していますが、「介護者」です。「ケアラー」ともいいます。家族や大事な人の介護を無償でしている人のことを指します。ですので、「介護離職」は、そうした介護者が介護を理由に、それまでに勤めていた会社を辞めることを意味します。介護職員やホームヘルパーといった介護従事者が離職することとは異なります。

介護情報をインターネットで検索すると、膨大な情報が出てきて、おそらくなにを読むべきなのか困ってしまうことでしょう。その際に「介護者」と打ち込むと、比較的介護者目線のためになる情報が集められます。

もうひとつは、介護をされる、いわゆる自立支援される側を「要介護者」と呼びます。

介護は確かにラクではありません。でも、介護をきっかけに、自分と向き合うことができたり、介護を通して学び、得ることもあったりします。

私は介護を経験して、この本を書くという素晴らしいご縁にも恵まれました。

いずれにしても、介護はただ辛いだけではない、みなさんの人生の「新しいイベント」にもなり得ることを、本を通して知っていただければ嬉しいなと思います。

もくじ

第2章

介護離職が生み出すゆがみと厳しい現実

第3章

介護離職をしない知恵と工夫があります

第4章

働く介護者は4つの環境に囲まれている

第5章

介護離職ゼロを実現するための働く環境づくり

第6章

介護はあなたの人生の「新しいイベント」なのです

第1章

私はこうして
介護離職を
してしまった！

「職場に迷惑をかけたくない」と辞めたAさん

介護離職はどのようにして起きてしまうのか、実際に介護離職をしてしまった人たちのケースを紹介しましょう。

Aさんは42歳、私と同じ独身の女性です。看護学校で教員の仕事をしていました。9歳上に軽度の知的障害を持つお姉さんがひとりいます。37歳のときにお父さん（81）が心筋梗塞で亡くなり、その年に家を建て直すために仮住まいへ引っ越したお母さん（78）が転倒、1か月入院しました。その退院後から、認知症の症状が徐々に表れてきました。

当初は、自宅で介護保険の介護サービス（以下介護サービス）を使ったデイサービス（介護事業所に日帰りで通って、入浴や食事など日常生活の支援をしてもらう）や同居するお姉さんの家事援助で来ていたホームヘルパーさんに、お姉さんがお母さんを介護するのを見守ってもらいながら、在宅での介護を始めました。別居していたAさんは、そのまま仕事を続けながら、実家に戻りました。

次第にお母さんの認知症が進み、81歳のとき尻もちをついた拍子に骨盤を骨折し、寝たきり状態になってしまいました。デイサービスとヘルパーさんの回数を増やし、同居するAさんはなんとか乗り切ろうとしましたが、勤め先が遠方のため、朝5時半に家を出て夜は8時過ぎに帰宅をする生活でした。

しかも夜中は何度か起きてお母さんのトイレ介助をしなければならず、「とても身が持たない」とAさんは感じました。

なにより気にしたのが、仕事を休むことで自分が受け持つ授業を休講にしなければならないこと。「学生、そして学校に迷惑をかけたくない」という思いでした。

実際は、お母さんの受診の付き添いで2日ほど休みを取ったぐらい、遅刻をしたのも数回ぐらいでしたが、「仕事を休みたくない」という思いが、Aさんにとって介護離職を決心する決定打となりました。

また、これ以上、ヘルパーさんという他人が家に入ってくることも、Aさんにとってプレッシャーでした。「だったら、私がやったほうがいい」とお母さんが寝たきりになって1か月後に学校に退職を申し出て、4か月後の年度替わりに介護離職をしました。

介護だけに向き合うことがかえって辛かった

身体的な辛さと、職場に迷惑をかけたくないという思いで教員の仕事を辞めたAさんは、お母さんの介護に専念すると、仕事から解放されたのも束の間、「たった3日間で介護だけの暮らしに息苦しさを感じました」

すると、恩師から、「看護大学で非常勤講師の仕事をしないか」という連絡があったのです。また、空いている時間は医療系の出版社でアルバイトとして働き始めました。

しかし、Aさんはそれだけでは終わりませんでした。

自分のために、大学院に進学したのです。お母さんが通うデイサービスやヘルパーさんが自宅に来る日程を調整し、平日の昼間は作業所に通っているお姉さんの力も借りながら、土日と平日の夜間、大学院に通いました。まさに、精力的に「自分の時間」をつくりだしたわけです。

「少しでも空いている時間があると、介護のことや将来のことなどあれこれ考えてしまうんです。なので、そうした暇もないほど、スケジュールをいっぱいに詰め込みました。常に目の前になにかをやらなければならないものがある、そういう忙しい状態に自分を置くようにしました」と当時を振り返ります。

その後、お母さんは腸捻転《ちょうねんてん》で入院し、それが原因で亡くなりました。

Aさんは約5年間の介護生活を「できること、やれることはすべてやりつくしたという自分自身で納得した思いがあるので悔いはなく、やり切った感があります」と話します。

その表情はどこかすがすがしさを感じさせました。

介護と自分の人生を両立させた

Aさんのような介護離職のケースはたぶん、多いような気がします。介護をしていることを会社や上司には説明したものの、休みや遅刻・早退が増えてくると周囲の視線がどうにも気になってくる。「周りに迷惑をかけたくない」とどんどん自分を追い込んで、介護離職に至ってしまうパターンです。

Aさんは実際には迷惑をかける前に、そうしたリスクがあると判断し、潔く離職を決断しました。

介護離職したことは後悔をしていないそうですが、「正職員という社会的身分を失ったことは不安だった」と言います。

ただ、注目したいのは離職した後のめざましい動きです。すぐに仕事を再開するだけでなく、介護だけに終わりたくないと自分のステップアップの道も同時に模索しました。これは本当に凄いことです。

おそらく介護との両立だったので相当に大変だったと思いますが、自分のための時間をあえてつくることが、介護生活を支える柱になったのでしょう。Aさんはその後、無事に大学院を修了しました。

いったん介護だけの生活に入ってしまうと、あれもこれも気になってしまい、介護から抜け出せなくなるケースは多いです。早い時期に「介護だけの生活」に危機感を持ったこと、さらにその気持ちと将来の目標を行動に変換できたAさんのバイタリティーと強い意志は、同じ介護者として脱帽ですし、大いに見習いたいです。

「私が辞めると丸く収まる」空気を感じたBさん

次は、地方に住むBさん（40歳・女性）の話です。

仕事はケアマネジャー。介護が必要な要介護者に対して、介護サービスのプランをつくり、サービスを提供する介護事業所とつなげる調整役です。まさに、介護のど真ん中にいる職種ですが、介護離職を経験しました。

お父さんが59歳のときに若年性認知症の診断を受け、介護歴は9年目を迎えています。お父さんの病気がわかった時点でBさんは31歳。お父さんより2歳年下のお母さんが介護を中心に行う主たる介護者となり、認知症の進行とともにお母さんは仕事を辞めて介護に専念しました。

3歳上のお姉さんは結婚して他県に住んでいて、実家の近くでひとり暮らしをするBさんが週に2日か3日ほど実家に通い、週末や休日には1日両親と過ごす通い介護をしていました。

そうした中、35歳のときにお母さんのがんが発覚したのです。しかも危険な状態で、緊急入院が必要でした。

「お母さんが心配。でも、残されたお父さんをどうしよう……」

頭がいっぱいになり、パニック状態のBさんはすぐに離職を決意します。

別に辞めなくても、勤めている事業主に申し出れば、介護のために年5日（対象家族がひとりの場合）の休暇が取れる「介護休暇」と、通算で93日まで取れる「介護休業」というのがある。また、短期間施設に入所して生活支援をしてもらう「ショートステイ」という方法もありました。

当然、専門家のBさんは知っていましたが、そのときは冷静に考える余裕がありませんでした。

なにより、入院したお母さんから、「あなたが仕事を辞めて実家でお父さんの面倒を見るのが一番いい」と言われました。集まったお姉さんや叔母さんたちも口には出して言わないものの、「それで丸く収まる」といった空気が漂っていたことが、Bさんを介護離職に急き立てました。Bさん自身も「辞めることを、なにも疑問には思わなかった」そうです。

半年後、お母さんは退院し自宅療養となりました。そのときにBさんはお父さんの成年後見人の申し立てを行い、諸々の手続きが落ち着き、お母さんの容体も安定したのを見計らって、地元の町役場に再就職しました。

亀裂が入った姉との関係を新しい命がつなぐ

職種は社会福祉士。臨時職員なので給料は時給となり、賞与もありません。前職に比べると大幅に収入が減ることになりましたが、Bさんには1日も早く現場復帰をしたいという強い思いがありました。

というのも、福祉の仕事は様々な社会制度を使いこなしていかなければならないので、現場を離れることが「置いていかれる」感覚だったのです。離職期間は9か月でした。

ただ、その頃から、以前よりお父さんの介護をめぐってあまり仲が良くなかったお姉さんとの関係が、よりこじれだしています。成年後見人となって実家を動かし始めたBさんのことを、姉という立場からおもしろく思っていなかったのかもしれません。

その後、お父さんの認知症が悪化し、手に負えない状態となったため精神科に入院させることに。約4か月の入院生活を経て、グループホーム（少人数の認知症などの高齢者が支援を受けながら共同生活を行う場）への入所を決断しました。

在宅介護をやめる。これはBさんにとってもお母さんにとっても、葛藤でした。長年自宅で介護をしてきただけに抵抗があり、罪悪感もある。

ところが、不思議なことにお父さんが自宅を離れ、精神科に入院する時期が、お姉さんが3番目の子どもを出産するタイミングと重なったのです。すると、「自分も子育てを手伝いたい」とお母さんが言いだしました。病に倒れたことで、自分の人生を見つめ直し、「介護者だけで終わりたくない」と思ったのかもしれません。

このお母さんの一言で、Bさんはお父さんの在宅介護をやめる踏ん切りがつきました。また、出産と前後してお姉さんとの関係も徐々に修復に向かい、以前のようにいがみ合うこともなくなっていきました。

「私たち家族は、新しく生まれてきた命に救われました」とBさんは笑顔で話してくれました。

目に見えぬ空気が介護離職を誘発する

「家族の面倒は家族がみるのが当たり前」。こうした風潮はまだまだ残っています。特に、Bさんが住んでいるような地方となると、都心部以上でしょう。中には、「介護は女がみるのが当たり前」「嫁がみるのが当然」といった古い考え方もまだまだ残っています。

そうした偏向した考えや空気が原因で、介護離職となってしまうのはとても残念なことです。介護は、要介護者の状態や、家族構成・経済状況など様々な要因で違ってきます。10人いれば10のケース、100人いれば、100の介護があります。ですから、特定の考え方や概念を押しつけるのは無理があるわけで、当事者が良いと思う方向を、周りが支援していければいいと思っています。

このケースで特に印象に残ったのは、お母さんの決心です。介護はとかく要介護者を優先しがちですが、介護者がそれで犠牲になってしまってはいけません。むしろ、介護者自身の人生を最優先に考えることこそ、大事なのではと思います。

同時多発介護で「自分のことは後回しになった」Cさん

介護している家族までが倒れてしまい、ひとつの家族で複数の介護が同時期に起こる。そんな「同時多発介護」のケースをよく耳にします。Cさん（53歳・女性）の場合も、そうした出来事が両親や兄弟で重なりました。

気丈で勝気だったCさんのお母さん（当時82歳）が突然、目の前のお父さん（当時73歳）に向かって「あなたは誰？」と言い始めたのがことの始まりでした。

前年に軽い脳出血を起こしたお父さんが通院していた脳神経外科にお母さんを連れて行き、検査をすると、「海馬の萎縮が見られる」と言われ、アルツハイマー型認知症と診断されました。

「会社都合」で、事務をしていた会社を退社して求職中だったCさんにとって、対岸の火事と思っていた介護がいきなりやってきたわけです。

実家のある団地の、同じ敷地内でひとり暮らしをしていたCさんは、介護のために「同居しようか」とお父さんに相談したところ、「おまえの負担が増えるからいいよ」という返事でした。

そこで、あくまでも主たる介護者はお父さんとしながら、Cさんは通いで介護や家事を分担する二人三脚で在宅介護をすることにしました。

介護サービスでデイサービスは利用していましたが、「家に他人を入れたくない」というお父さんの意向でヘルパーさんは入れませんでした。

ただ、その一方でお母さんの認知症の進行が早く、徘徊《はいかい》もするようになりだしました。そして介護が始まって1年後ぐらいから、お父さんは心労のはけ口をアルコールに求めるようになったのです。

みるみる体力も落ち、やせ細り、家の中や外でふとした弾みで転倒することが多くなり、心配なCさんは実家で寝泊まりすることが頻繁になりました。

Cさんが再就職のため職業訓練センターに通いだそうとした矢先、携帯電話に連絡が入りました。2歳年上のお兄さんが病院に緊急搬送されたという知らせでした。お兄さんは独身、お父さんもとても病院に行ける状態ではなかったので、Cさんが駆けつけると、右肺に悪性リンパ腫が見つかったとのこと。

「なんでこんなときに、こんな悪いことが重なるの？」

Cさんは思わず天を仰ぎました。でも、途方に暮れている場合ではありません。他県でひとり暮らしをしていたお兄さんのマンションを引き払い、病院も実家の近くに転院させました。すでに在宅ではみられなくなってしまったお母さんは、ショートステイに預けてその場をしのぎました。

入退院を繰り返す家族に翻弄された8年

5か月後にお兄さんが退院すると、入れ替わるように今度は低栄養状態だったお父さんが入院。職業訓練センターの研修が修了して、求職しようとしていたCさんは再びそれどころではなくなりました。

その後、お父さんは入退院を繰り返し、在宅での介護も必要な状況になったので、お母さんはケアマネジャーさんの助言で介護老人保健施設（入所期限つきの介護施設・老健）に入れることにしました。

お母さんの介護が始まって7年目を数えたとき、入院先でお父さんは誤嚥《ごえん》性肺炎を起こし、医師からは胃ろう（腹壁を切開して胃に管を通して水分や栄養分を補給する措置）という選択肢が提案されました。しかし、延命治療をかたくなに拒否していたお父さんの希望で処置をせず、そのまま亡くなりました。

施設に入っているお母さんは90歳となり、もうCさんのことはほとんどわからなくなっています。お父さんの亡くなったことも知らないそうです。

Cさんはいまだ再就職ができず、パートなどをしながら正社員の道を模索しています。唯一嬉しい知らせは、一時はステージ4を宣告されたお兄さんが完治し、無事に職場復帰を果たしていることです。

介護で疲弊した心身のリハビリが欠かせない

家族のことで、結果的には自分のことが後回しになってしまったCさんは、「ようやく、自分の時間が持てるようになりました」と話します。同時に、「だからといって、すぐに体も頭も動くかといえばそうでもない。思いっ切り動かせないもどかしさがあります」とも言います。

Cさんは介護離職ではありませんが、介護が原因で復職する道も険しいものになってしまいました。こうしていったん、フルタイムの仕事から遠ざかってしまうと、生活リズムがなかなか元に戻せないという話をよく聞きます。

介護生活で忍び寄る身体的な疲労、精神的なストレス、孤独感と不安。どうしてもマイナス要素は多くなってしまいがちです。

私もディベロッパーでマンションの企画・販売や現場管理をしていた仕事を介護離職して、3か月間無職の時期を過ごしたことがあります。その後病院の医療事務の仕事を経由しているにもかかわらず、以前のように体も頭も動いてくれないもどかしさを感じました。

ディベロッパー時代は激務でしたが、仕事自体は楽しかった。相当の量を機敏にこなしていたと思います。そのときの感覚で、事業を立ち上げたのですが、忙しく仕事をしていたときのように素早く反応できないし、理解力も低下している自分に気がつきました。単純に、年を取っただけでは済まされない、離職をした影響があったのだと思います。

ただ、そうした中でCさんは、私が主宰する介護者の会に参加して、体験談をときどき語っていただいています。私もそうでしたが、辛い思いをただ語るだけでもずいぶんと心が楽になるものです。

そうしてゆっくりと心をリハビリし、メンテナンスしていく。焦らず、マイペースに進んでいくしかないのでしょう。

「仕事をしていない罪悪感」を感じたDさん

「握ったこともなかった母の手を何度も握れた。介護をしていなければ、こんなことはなかったと思います」

こう話すDさんは63歳の男性です。今は温和な表情で、ユーモラスに介護の話を語ってくれますが、介護離職で介護に専念していた時期は笑顔をすっかり忘れ、介護をしていたお母さんや他に同居する家族と大声で怒鳴り合い、ケンカを繰り返す毎日だったそうです。

そんなDさんの４年間の介護ライフはこんな感じです。

36歳のときにお父さんが亡くなり、以来お母さんと奥さんと一緒に暮らしています。３人の息子さんがいて、介護当時は一番下の息子さんが同居している４人暮らしでした。

お母さんは毎朝、始発電車に乗って菩提寺へのお参りを続けていて、病気らしい病気はしたこともなかった。ところが、85歳のときに畳の縁や障子のさんに虫がいると言い始めたのです。確かめるとそんな虫など見つかりません。

そのうち、午前3時に居間で音がするので起きていくと、来客用の湯飲みが用意されているではありませんか。「どうしたの?」と尋ねると、「親戚が来てくれたのでお茶を出したの」と答える。こんな時間に来るはずもありません。専門医に診せると、幻視の症状が出るレビー小体型認知症と診断されました。

Dさんの奥さんは、お母さんとはいわゆる嫁と姑の関係。互いにあまり干渉しない感じで、仲がいいとはいえませんし、仕事もしていました。当時58歳のDさんも人材紹介の会社に勤めていましたが、お母さんからはなんでも相談されるなど頼られていました。「自分の母だから自分が面倒をみる」という思いもあって、お母さんの介護についてはDさんがひとりで引き受けることにしました。

介護のことなどまったく知らない中、地域包括支援センター（要介護者が住んでいる地域の介護の相談窓口）に出向き、ケアマネジャーさんを選び、介護サービスの申請や手配などに駆けずり回る。そのたびに会社も休んでいました。

日中はお母さんが家でひとりになる時間をなるべく減らそうと、デイサービスに通わせましたが、送り出しは9時半ごろ、帰りは4時半ごろとなり、そのときに誰かいる必要があります。奥さんも同居している息子さんも仕事をしているので頼めない。

そこでDさんがすべて対応していると、会社は遅刻や早退をするしかありません。社長に事情は一応説明していましたが、会社の業績も芳しくない時期でもあったのであまりよく思われていない感じでした。

ある日、買っておいたパンを袋ごとトースターで焼こうとするお母さんの姿を見て、「このままにしておけない、大事があってからでは遅い」とDさんは介護離職を決意しました。辞表を出すと、慰留されることもなくあっさりと認められました。

テレビ関係の仕事をしている3歳上のお姉さんから「経済面は支援するから」と言われましたが、自分の収入はなくなる、不安な気持ちを抱いたままの船出でした。

自分は社会から置き去りに。閉塞感と孤独が襲う

「ここからが地獄の毎日でした」とDさんは言います。

お母さんの症状は進み、排せつもひとりではできなくなり、夜中も起こされることがたびたびです。心労や寝不足が重なったDさんは持ち前の温厚さを失い、ことあるごとにお母さんとケンカをするようになります。大声で怒鳴り合うし、気に入らないことがあると机をばんばんと叩く。そして、そうしたイライラややるせなさを他の家族にもぶつけてしまう。この時期のDさんを見た知人から「顔つきが変わった」と言われたそうです。

離職をしてから毎日つけていた介護日誌も、3か月でやめてしまった。荒々しい

態度でお母さんに接したことを詫びる懺悔の言葉に埋め尽くされてしまって、嫌気がさしたからです。

家事や介助などは、ヘルパーさんなどを入れて自分の負担を減らすこともできたのですが、そのときのDさんはヘルパーさんを頼むという発想がありませんでした。目の前の介護に追われて、そうしたサービスがあることも、調べることすらできず、すべてを自分で背負い込んでいました。

なにより心理的にDさんを追い込んだのが、仕事をしていないという、どこか罪悪感に近い感覚です。限られた人としか会わない閉塞感や、社会から置き去りにされている孤独感も追い打ちをかけ、「なんでオレだけ、こんなに運が悪いんだろう」と嘆く毎日でした。そうしたやり場のない怒りを再び、お母さんにぶつけてしまっていたのです。

そんなDさんを救ったのが介護者の会でした。

区報で会の存在を知って出掛けると、参加者はほとんどが女性、それに交わされる会話も専門用語だらけでちんぷんかんぷんでした。これは場違いなところに来たと思い帰ろうとすると、会を主宰したＮＰＯ法人介護者サポートネットワークセンター・アラジン（http://arajin-care.net/）の人が男性介護者の会があることを教えてくれました。

さっそく顔を出すと、わずか３人だけの会でしたが、みんながＤさんの話を親身になって聞いてくれるのです。「とにかく人と話ができるのが楽しく、救われました」とそのときの様子を思い出します。

また、介護者の先輩たちがいろいろ教えてくれました。たとえば、地域によっては高齢者福祉サービスに「紙おむつ給付・費用補助」というのがありますが、Ｄさんは知らずに近所の薬局で定価で買っていました。

「辛くなったら、夜中でもいいから電話しなさい」とまで参加者から言ってもらえた。結局電話をすることはありませんでしたが、Ｄさんをとっても元気づけるものとなったのです。

こうして月1回の会に足しげく通ううちに、コップから今にもあふれそうになっていた水が徐々に減っていくように、いっぱいいっぱいだった気持ちにも次第に余裕が生まれだしました。

365日施設に通い、顔を見て、手を握る

そんな中、お母さんが自宅で転倒し、大腿骨を骨折してしまいました。救急病院に1か月入院しましたが、その後は車椅子の生活となりました。自宅では介護するのは難しい環境だったので、いったん介護老人保健施設（老健）に入所し、その後は新設したばかりの特別養護老人ホーム（特養）に移すことにしました。

自分の時間を持てるようになったDさんは、個人事業主として人材紹介業のオフィスを立ち上げ、仕事に復帰しました。

老健にいた1年、そして特養で誤嚥性肺炎が原因で亡くなるまでの1年3か月、

Dさんは毎日施設に通いました。昼や夕方の食事の介助と、1日何度も顔を出すこともあり、入所していた人たちからは職員と間違われたほどです。「自宅で介護ができない分、行けるときには行こうと自分の中で決めていました」

すると、家ではケンカばかりしていたお母さんは穏やかな表情になり、以前は聞こうともしなかったお母さんの話にも笑いながら耳を傾けられるようになったのです。気がつくと、これまで握ったこともなかったお母さんの手をDさんは握りしめていたそうです。

Dさんは言います。「心に余裕がないと、介護ではなく作業になってしまう。作業ではやっぱり心は通えないものです」

介護者が笑うと、要介護者も一緒に笑います

4年間の介護が終わったDさんは、あるエピソードをよく聞かせてくれます。

それは、カレーライスをつくった日の話です。食べ終わったお皿を洗わずに水に浸けたままにしておいた。それを見たお母さんが「これ、洗おうか？」と言ってきました。これまでも息子の面倒をみてきたし、家事もしてきたお母さんとしては、〝いつもの〟対応だったのです。

でも、もうその頃のお母さんは、洗剤をつけるのを忘れたり、すみずみまで洗ったりすることができなくなっていました。Dさんは「きれいにならないので、やめてくれ」と断った。すると、お母さんは寂しそうな背中を見せながら自室に戻っていきました。

「今思えば、母がやったあとに、自分で洗い直せば済む話だったんです」。が、Dさんにはその頃、そうした余裕すらなかったわけです。

介護する側とされる側の関係をよく鏡にたとえます。

介護者がしかめっ面をしていると、要介護者の表情はまるで鏡を見ているように険しくなり、逆に、こちらが笑顔になると相手も同じように笑って応えてくれます。

私もついイライラしてしまうことがありますが、そうしたときにはきまって母は不安そうな仕草をします。私がおかしくなると、母はもっとおかしくなる。逆に、こちらが落ち着いて、穏やかに接することができると、相手も安心するのか、優しい表情に変わります。

だからこそ、介護者がまずは幸せになることです。介護者が幸せならば、要介護者も幸せになると私は信じています。

第2章

介護離職が生み出す
ゆがみと厳しい現実

介護が必要な人は75歳以上で3割を超す

ここで、介護を取り巻く環境や状況を簡単にお話ししましょう。

今、どのくらいの人たちが介護を必要としているのか、ご存じでしょうか。正確なところはなかなかわからないと思いますが、ひとつの目安に、要支援要介護認定を受けている人数というものがあります。

介護サービスを利用する際、要介護者が住んでいる自治体から「要支援要介護認定（略して要介護認定）」を受ける必要があります。要介護認定には比較的軽度な状態の「要支援」と介護が必要な「要介護」に大きく分けられます。

この要支援と要介護の認定を受けている人を合わせると、介護が必要な要介護者の人数が大まかに見えてきます。

ちなみに、育児・介護休業法に定める「要介護状態」とは、「負傷、疾病または身体上若しくは精神上の障害により、2週間以上の期間にわたり常時介護を必要とする状態」のことをいいます。ここで注目してほしいのは、別に要介護認定を受けていなくても、介護休業の対象となり得ることです。

厚生労働省の2016年1月介護保険事業状況報告（暫定）によると、75歳以上の、いわゆる後期高齢者の人数が約1631万人で、うち要支援と要介護の人が約529万人となり、全体の3割はなんらかの介護が必要な状態として認定されています。

ただ、認定を受けていなくても、育児・介護休業法に定める「要介護状態」であれば介護を必要としているので、もっとたくさんの高齢者が要介護者と思われます。

2022年からは団塊の世代が順次、後期高齢者になっていきますので、要介護者の人数は今後加速度的に増えていくことは明らかでしょう。

対して、介護をする側の介護者はどうなっているかというと、総務省が2011年に行った「社会生活基本調査」によると、50代と60代で過半数を占めますが、70代以上が17・7％もいます。これは、テレビや新聞で取り上げられる「老老介護」、つまり高齢者が高齢者を介護せざるを得ない状況であることをリアルに物語る数字です。

もう一方の注目は、40代以下も2割以上に及んでいて、特に30代未満が5・8％もいること。お父さんお母さんが働いて、おじいちゃんおばあちゃんの介護を孫が担う、若い世代の「ヤングケアラー」も同時に増えているわけです。

つまり、どんな世代でも介護は「他人事じゃない」。誰でも明日、介護者になる可能性があるのです。

しかも、自分の両親だけでなく、配偶者の親、祖父母、配偶者、兄弟、叔父叔母が要介護者となれば、自分自身では自覚がなくてもいつの間にか介護者になっていることもあるのです。

「介護者の年齢分布」
（総務省「社会生活基本調査」2011年より）

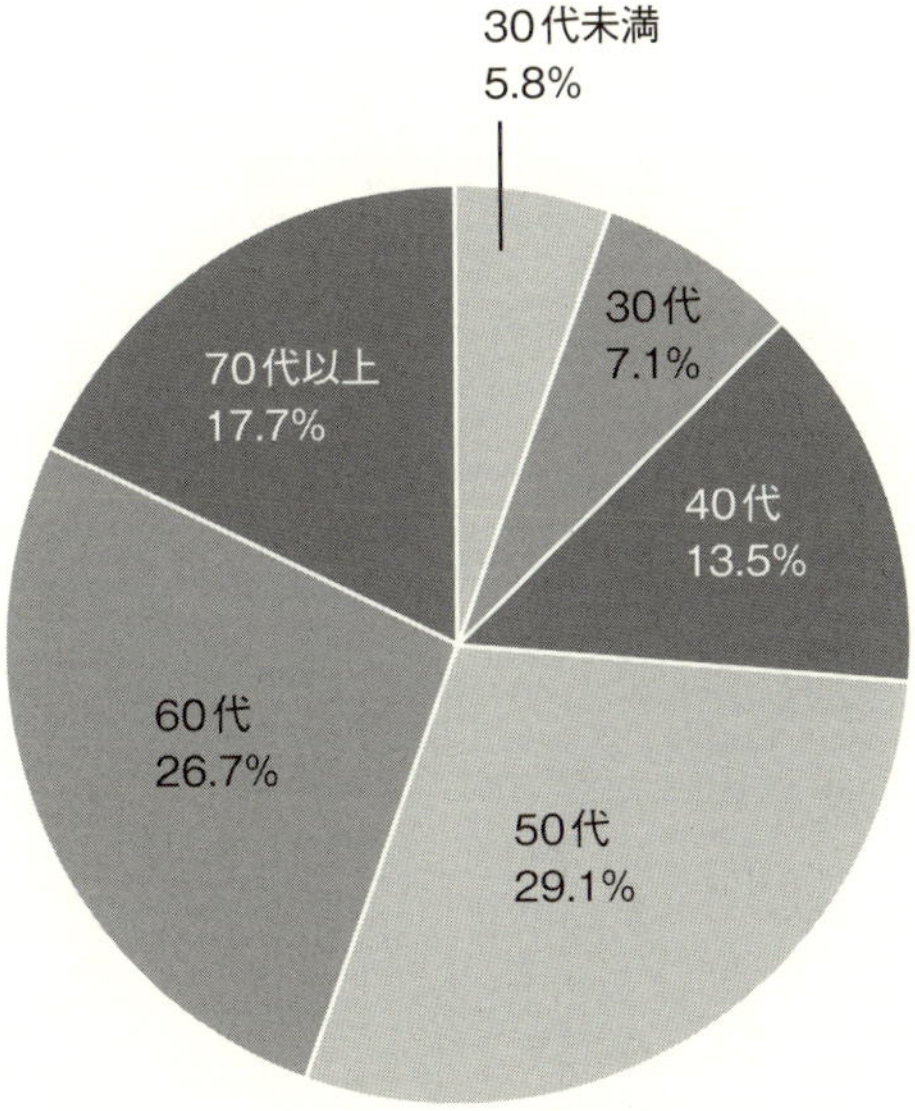

1年間で10万人が介護離職をしている

そうした中、介護のためにそれまで勤めていた会社を辞める「介護離職」の数が増え続けています。

今、働きながら介護をしている人は約240万人いるといわれていて、そのうち年間8万人から9万人が離職をしていましたが、2011年以降にはついに10万人を超すようになっています。

ただし、会社に介護をしていることを言っていない「隠れ介護」の人も結構いますので、実態はもっと多くの人が介護離職をしているのだと思います。

介護離職の内訳をみると、女性が8割で男性2割。夫婦共働き世帯が増えた現在では、どちらかの親が要介護状態になったら、まだ奥さんが主たる介護者になって離職するケースが多いのかもしれません。

でも、私の会に集まってくるメンバーでは男性介護者も着実に増えています。中

介護・看護を理由に離職・転職した人数

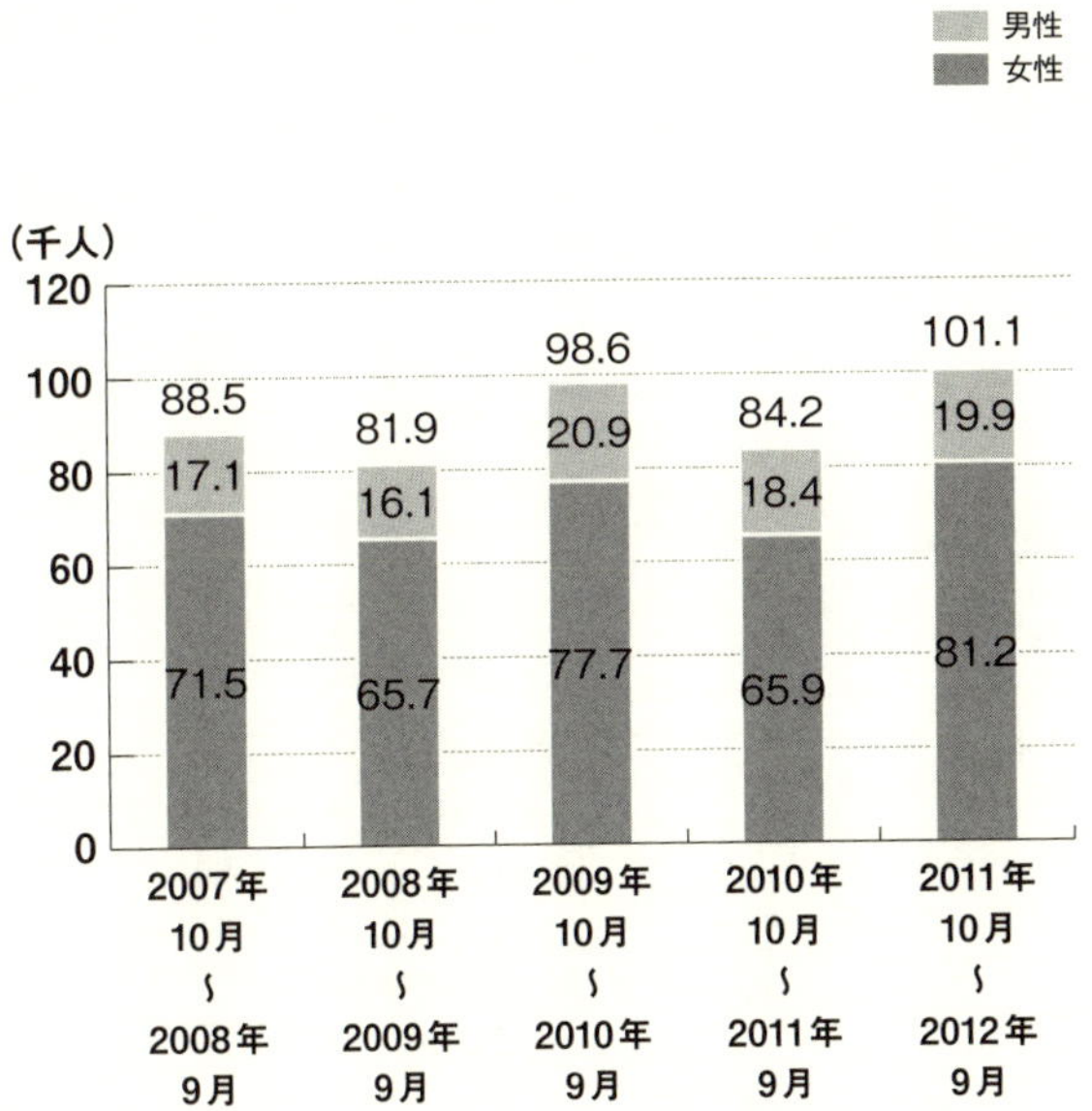

(総務省「就業構造基本調査」2012年より)

には、独身でひとりっ子男性という人もいます。

介護離職をしてしまう年代は、年齢的には40代から60代までが中心層で、会社でいえば、マネジャーや管理職、経営者、そして熟練を要する仕事に従事しているキーパーソンたちです。

２０１２年度厚生労働省委託調査で三菱ＵＦＪリサーチ＆コンサルティングが行ったアンケート結果によると、離職者の23・6％は課長クラス以上の人たちです。この割合は就労者全体で見たときの割合とほぼ同じです。

こういったキーパーソンが突然、辞めてしまうのですから、会社にとっては重大事件でしょう。ある会社などは、管理職３人が同時期に介護離職をしたために、業務に支障をきたし、経営が一時的に傾いたそうです。

日本の会社の9割以上は中小企業なので、会社は貴重な人材に辞められ、大きな痛手を負うリスクがどこにでもあるわけです。

もうひとつ、気になるデータがあります。介護離職をした人たちへのアンケート

就労者・離職者別の役職：単数解答

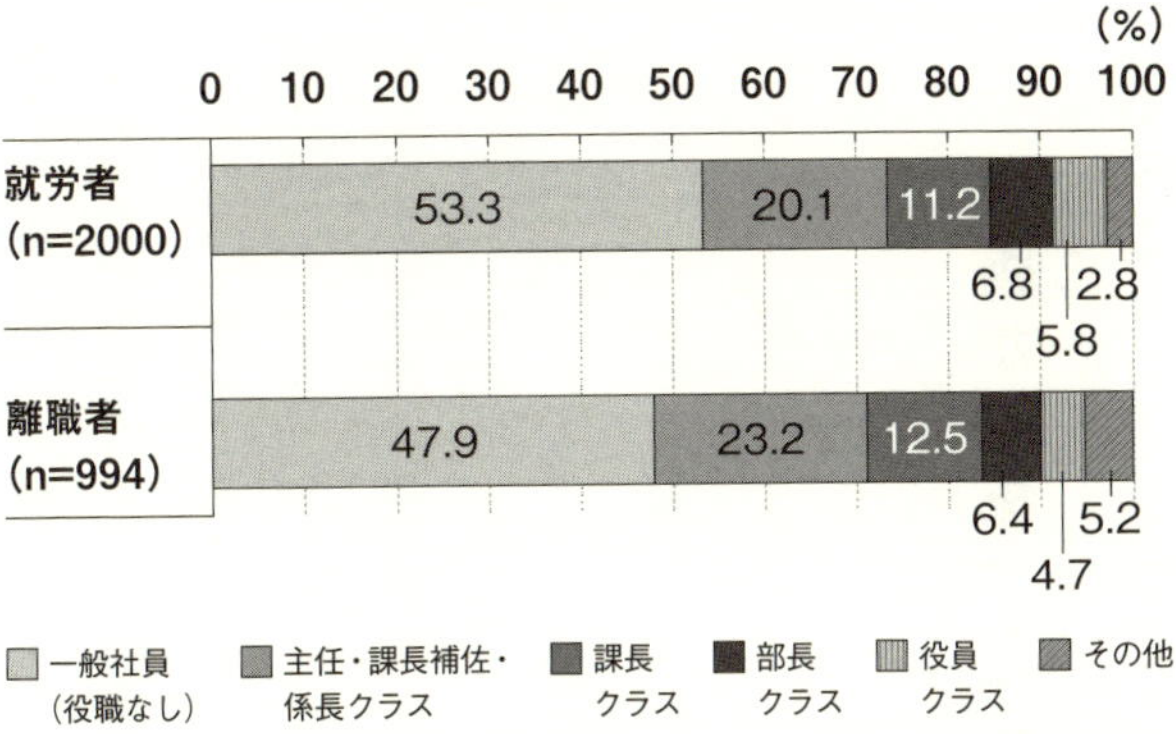

（三菱UFJリサーチ＆コンサルティング2012年度厚生労働省委託調査
「仕事と介護の両立に関する労働者アンケート調査」より）

介護開始から介護開始当時の勤務先を辞めるまでの期間

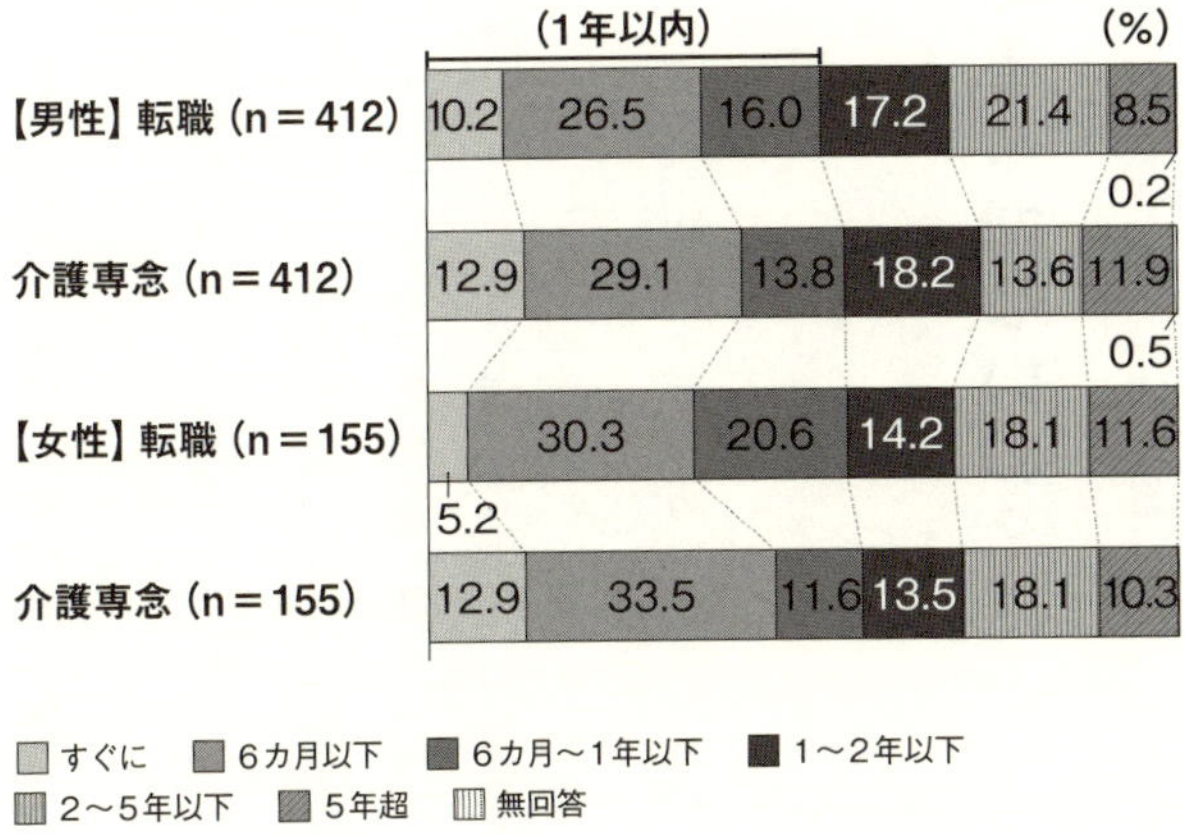

（「仕事と介護の両立と介護離職」
明治安田生活福祉研究所とダイヤ財団共同調査2014年11月11日より）

調査によると、介護が始まってから離職するまでの期間が、男性も女性も半数以上の人が1年以内になっているのです。

これまで体験したこともない出来事が突然目の前で始まり、非日常的な生活が次々訪れてくる。多くの人が前もって介護の準備をしているわけでもなく、心構えもないまま介護に翻弄されて振り回される日々。そして毎日、疲弊したり、いったんリセットを求めたりして、仕事と生活や心と体のバランスを崩して離職してしまう。

介護をする上では、この1年以内という、いわゆる「初動」が大切で重要なのがデータから見えてきます。

介護が始まったら仕事を辞めるしかないの？

では、どうして介護離職をしてしまうのか、辞めた人たちの話を聞くと、様々な理由があがってきます。

多く聞かれるのが、

「出社・退社時刻を自分の都合で変えることができなかったため」

「労働時間が長かったため」

など、時間の融通が利くか利かないかはひとつのポイントになっています。

その一方で、

「介護休業を取得することができなかった・取得しづらかったため」

「『介護をしながら仕事をする』ことに対する理解が得られなかったため」

といった声もあります。会社自体が介護に理解がないことで、やむを得ず離職してしまうケースも多いようです。

その他、「今後介護をしていく準備を整えるため」という離職理由も結構よく耳にします。でも、こういう人に限って「準備をする」を言い訳にしていることがかなりあります。

というのも、実を言うと私もそうでした。

とにかく、なにもかもわからないし、誰も助けてくれない。自分の置かれている状況や立場も理解できない。それなのに、目の前の母の状態だけは確実に変わっていくのです。そして、それにともなって外野からの声が「心ないもの」に聞こえて自暴自棄になる。まさに負のスパイラルにハマりました。

そうやって心がささくれてくると、「そういえば、今やっている仕事は自分に向いていないし、実は好きでなかった」と思い始める。そして「仕事を辞めればもっとラクになれる」「とりあえず1回、リセットしよう」という考えが頭をよぎり、介護離職をしてしまいました。

でも、離職をして気づきましたが、離職をしても介護が終わるわけはなく、引き続き続くわけです。こんな当たり前のことさえも見えなくなってしまうのです。そしてラクになるどころか、収入はなくなるし、社会から孤立してますます心がささくれていきました。

こういった状況にならなければおそらく実感は湧かないでしょうが、多くの人はわざわざ実感しなくてもいい。私と同じような体験はしてほしくないと思っています。

介護者の不幸は選択肢が見えなくなること

「介護休暇や介護休業があるのを知らなかった」「介護サービスを知らなかった」と情報が手元になかったこともきっかけになっていて、その上「家族や親戚から介護に専念してほしいと言われた」。こうなると、本人も「親の介護は自分がするのが当たり前」と思い込んで、辞めてしまうわけです。

「介護が始まったら、仕事は辞めるしかない」と言う人が結構いますが、これは「辞めたくはないけど、辞めるしか方法がない」というのが本音です。

つまり、目の前のことが大変で、選択肢が見えなくなって「辞めるしかない」と思ってしまうのです。

介護者の不幸は、こうした選択肢が見えなくなってしまうことです。選択肢を得るための情報そのものが得られなくなっている。なにしろ「わからないことがわからない」状態なので、いったいどんな情報が有用で有用でないのかもわからないのです。

なお、「わからないことがわからない」という気持ちや状態をわかっているのが介護経験者です。

つまり、多くの介護経験者が「わからないことがわからない」時期を経験してきているということです。そうした経験者に尋ねれば、しっかりとした情報や知恵がもらえ、必然的にいろいろと選択肢は増えていくものです。

そうしたいろいろな選択肢があった上で、「親の介護に専念したい」「お世話になったし感謝の気持ちがあるから」と会社を辞める結論に至ったのであれば、それはその人の価値観なので否定されるべきものではないと思います。

対して、ただ「辞めるしかない」という理由では辞めてほしくありません。選択肢もなく介護離職をしてしまうのはとても残念です。

いずれにしても、介護が始まったからといって、仕事を辞めなければならないわけではないのです。

介護離職をするとこんなに負担が増えてしまう

では、介護離職をするとどうなるのか。

大きく見て、3つの負担が増えます。それは経済面と精神面、そして肉体面です。経済面の負担が増えるのは容易に想像できるでしょう。会社を辞めてしまうわけですから、収入源が断たれてしまいます。こうした普通に考えればわかることも、パニック状態ではときとしてわからなくなることがあります。

また、会社という社会との接点を失い、自分だけの世界にこもりがちとなるので、経済面の不安とともに精神面の負担も増えてきます。

では、肉体的な負担が増えてしまうのはなぜでしょう。

離職をすると時間ができるので、介護だけでなく家事なども気になってやり始めます。なんといっても仕事をしていないので、時間があるように感じてしまうわけです。

一方で収入がなくなるので、介護サービスの利用（介護保険の介護サービスも無料ではなく、かかる費用の1割ないし2割を自己負担しなければなりません）も控えがちで、身体介護から見守りまで24時間態勢の介護をまるで介護従事者のようにやってしまう。よって、肉体面の負担も増えてくるのです。

私も介護にハマりそうになった時期があります。

母の状態が悪化したため3か月間入院させて、自宅に戻ったときですが、退院時はかなり認知症が進んでいました。ちょっと姿が見えなくなるだけで「徘徊が始まったかも」と探し回り、夜中に母の寝室から物音がすれば、起きて様子を見に行く。「母の状態が落ち着くまで」と言いつつ、デイサービスの送り出しまで見守りをしたり、少し早く仕事を終わらせたりしていました。

終始、母をみていないと安心できない状態が続き、結果、肉体的には相当辛い思いをしました。そうした辛さは精神面にも暗い影響を及ぼしていくので、要注意です。

介護離職後の再就職が予想以上に厳しい

いったん辞めても、これまでのキャリアがあればすぐに再就職できるだろう。介護離職者の多くがこういう考えを持ちがちです。なにしろ、課長以上の要職をこなしていた人が多いので、その経歴やスキルがあれば、どこからも引く手あまたと思う。ところが、再就職はなかなか難しいのが実情です。

たとえば、ある人は面接で「介護をしている」と言ったことでどこからも採用されませんでした。また、ある人は介護に専念していた期間に関して、「このブランクに、あなたはなにを会得しましたか？」と面接官に尋ねられたそうです。「介護をしていた。それだけで精いっぱいで他のことをする余裕などはない」と介護者誰もが大声で言いたいところでしょうが、世間一般の介護に対する理解は、まだまだ進んでいません。「単なる休職中」の認識なのかもしれません。

実は介護はいろいろな立場の人たちが否応なしに絡んでくるので、そうした人たちを調整するマネジメント能力が問われるし、養えます。また、接する人たちに要介護者に代わって説明するプレゼン能力も必要です。

介護をするだけで、立派なビジネススキルが身につくし、逆にそうしたスキルが介護に大いに生かされる。もっとこうした点にも注目してほしいし、介護をひとつの「キャリア」と評価してもいい気がします。

ですが、現実は介護離職のうち、再就職ができるのは4分の1程度ともいわれています。

たとえ再就職ができたとしても、正社員ではなく契約社員であったり、収入が大幅にダウンしたりするなど条件面も悪くなりがちです。

私の場合は、マンションのディベロッパー時代に比べると、介護離職を経て再就職した年収は7分の1になってしまいました。

介護離職で前職までの経歴やプライドはボロボロになり、挙げ句の果てにうつ病になってしまう。そうした人も少なくありません。

大きな悲劇を生み出す介護離職の危険

そうしたやり場のない怒りやイライラが、ときとして要介護者に向けられてしまうこともあるのが介護離職の怖さです。

会社を辞めて、自宅にこもり、要介護者と向き合う生活をする。これはまさに密室の恐怖です。特に、要介護者が認知症などの場合だと、今までと同じようなコミュニケーションが取りにくい。要介護者と24時間2人だけでいれば、どんな人でもおかしくなってしまうものです。

そこに、収入のない不安や社会から隔絶されている孤独感が合わさってくるのでなおさらです。

とりわけ、男性は女性よりも力があるので、ちょっとした弾みでも悲しい事件に発展してしまう可能性があります。

私も心が折れそうになったことがあります。

そのときは、薬を飲まなくなった母の口に薬を無理やり入れ、ペットボトルを口に突っ込みました。さらに、右手で頭を押さえ、左手で完熟のキウイを口に押し込みました。

その瞬間、「殺しちゃうかも」という殺意にも似た感情が生まれて初めて表れました。ものすごく怖くなってその場から逃げ、自室にこもり、ドアの前に荷物を置いて母がドアを開けられないようにしました。

結局、ケアスタッフさんと相談して3か月間母を入院させて、預かってもらいました。

すごく悔しかったですが、私は介護から逃げる、介護を手放すという選択肢と方法を知っていたので、殺人犯にならずに済みました。最終的に、自分で自分の身を守ることができたのです。

介護、そして介護離職にはこうした危険がはらんでいることを知っておいてほしいのです。知るということで、介護に対する姿勢も考え方も変わってきます。介護離職は安易にしてはいけないことも、悟らせてくれます。

第3章

介護離職をしない知恵と工夫があります

介護者は誰からも守ってもらえない

ギリギリの状況の中でありながら、介護離職をしないで、仕事と介護を両立している人たちがいます。ここではそうした「働く介護者」のみなさんの各々のケースを紹介しながら、介護離職をしない「知恵」や「工夫」を抽出し、整理・分類していこうと思います。

よく介護は千差万別といわれます。

要介護者の症状や進行具合、介護をする介護者の家族構成や住んでいる環境、職業、そして在宅なのか施設に入所しているかなど、ちょっとした条件が違うだけで、介護の内容は違ってきます。10人いれば10人、100人いれば100人の介護があるわけです。

でも、すべてをマネできなくても、どこか一部が参考になることもある。また、「今」は参考にならなくても、あるとき「あっ、そういえば、こんなときにこんな工夫があるって言っていたかも」ということもあります。

つまり、他人の介護をていねいに分解していくと、自分にとって使える情報や使える仕組みが発見できたりするのです。

なので、働く介護者の事例をたくさん知っていればいるほど、今後自分が介護者になったときに有利に働くことでしょう。現在、介護をしている人にとっても参考にできる、使える工夫があると思います。

ただ、その前にひとつ覚えておいてほしいのは、現在の日本において、介護者は誰からも、なにからも守ってもらえていないことです。たとえ介護離職をしても、セーフティーネットというのがないのです。

「えっ、ホント」「ウソ!」と思われるかもしれませんが、これは事実です。

要介護者は法律やケアスタッフさん、福祉から守ってもらえますが、介護者を守る法律もなければ、ケアスタッフさんや福祉も向いているのは要介護者のほう。介護者を守る義務もなければ、こちらが大きな声を出さなければ関心を向けてくれることもありません。

自分の意思を自分の言葉で伝えることができなければ、場合によっては、あれよあれよという間に要介護者のケアスタッフのひとりとしてカウントされてしまうこともあります
だから、自分の身は自分で守っていくしかないわけです。自分の人生は自分で守るしかないのです。

結局、仕事と介護の両立は「できる」のではなく、「やる」のです。ただ待っているだけでは、誰も助けてくれない。こちらから能動的に取りに行くという積極性と行動力、自分にとって必要な情報を獲得し周りにあるものを駆使していく知恵と工夫が求められるのです。

とはいっても、初めから上手にできるわけはありません。でも、安心してください。「助けて」とか「どうしたらいいかわからない」、または「仕事は辞めたくないんです！」と自分の意思をしっかり外に向けて発信できれば、手を差し伸べてくれ

る人は必ずいます。1回やってダメでも、2回、3回とやってください。

それでもダメなら、私のところに連絡してください。

「『カミングアウト』で仕事が続けられるように」

フィットネスクラブ関係の会社に勤めるEさんは41歳の独身女性。会社は文字通り、体育会系を絵に描いたようなところで、社員には「練習中は水を飲むな」世代も多い。当然、プライベートなことを仕事に持ち込まない社風です。

Eさん自身も他人に弱音を吐かないタイプだったので、7年もの間、介護をしていることは周りに黙っている、いわゆる「隠れ介護」を続けていました。

Eさんの家は3代続く調剤薬局を営む家で、ひとりっ子のEさん以外はほとんどが薬剤師という家系です。お父さんは体が弱く、お父さんの介護をするお母さんが薬局の切り盛りから町内会行事の手伝いまでをこなしていました。

趣味といえる趣味もなく、仕事が唯一の生きがいだったお母さんが、お父さんが亡くなった頃から認知症を発症しました。お母さん67歳、Eさんが28歳のときでした。

当初は従業員2人にお願いして薬局をなんとか営業していましたが、お母さんは認知症の進行とともに言動がおかしくなり、従業員も手に負えなくなると、自宅隣の薬局への出入り口に鍵を掛けてしまったのです。Eさんのお母さんは昼間自宅でひとりきりで過ごすことになってしまった。

同居していたEさんはまだ介護サービスの存在も知らず、その上、介護のために仕事を辞めようとしないことで親族からも縁を切られ、「頼る人は誰もいない。自分ひとりで母の面倒をみなければ」と思い込んでいました。

会社に出かける前に朝食を、夜戻ってきてから夕食の支度をしていましたが、昼食もなんとかしなければならない。自宅から会社まではバスで往復40分。そこで1時間の昼休みを使ってお弁当を自宅に届けるようになったのです。

でも、道路が混んでいることもあり、バスが時間通り来ないこともある。休み時間を過ぎて戻ることもたびたび。自分の昼食はバスの中で取るようにしていましたが、座れないときには、仕事中にトイレでおにぎりを頬張っていました。

次第にお母さんの徘徊が始まり、真夜中に玄関を開けて歩いている人に大きな声で声を掛けたり、明け方に近所に住む従業員の家のチャイムを鳴らしてたたき起こしたりと問題行動も目立ち始めました。

仕事から戻ってきて、食事や入浴の介助をしてようやく深夜の2時に寝かしつけたEさんは、お母さんが外に出て行かないように玄関に座椅子を置いて仮眠を取ることにしたのです。

そうした生活で無理がこないわけはありません。仕事をしていても睡魔が襲ってくるし、一日中頭はぼーっとしたまま。書類をつくると誤字脱字のケアレスミスが増えて、仕事の締め切りに間に合わないこともある。連日残業で、土日出勤も頻繁でした。

実はそのときちょうどEさんは、念願かなって自分がやりたい仕事をまかせてもらっていた時期で、仕事自体にはやりがいを感じていました。ところが、思うようにこなせず、結局総務部への異動となってしまいました。

「内示を受けたときはとてもショックで、心の中で母のせいだと責めました」。お母さんへの当たりがいつも以上に強くなってしまったそうです。

社内プレゼンで介護者を明言。同僚の相談役にも

お母さんの症状が日に日に悪化している中、年末年始の休暇が訪れた。5日間を2人だけで終日過ごさなければならない。3日目で、このまま一緒にいたら、なにをしでかすかわからないと恐怖を感じたEさんは、お母さんをひとり家に残して、生まれて初めてマンガ喫茶に飛び込みました。

気になって一睡もできない一夜を過ごし、明け方に恐る恐る家に戻ると、冷たい

廊下に裸足で立ち尽くすお母さんがいました。Eさんの帰りをずっと待っていたのです。すぐにお母さんを暖かい布団に寝かせ、お雑煮をつくって食べさせました。Eさんはその間、ずっと涙が止まりませんでした。

「もう、自分ひとりでみるのは限界」と感じ、隣にヘルパーさんの派遣所があったのを思い出してさっそく連絡を入れました。そのときは要介護認定を受けていなかったので、すべて実費。毎月100万円単位のお金がかかりました。

その後薬局を閉め、要介護認定も受けてお母さんは全面的な介護が必要な「要介護5」と認定されました。現在、お母さんは自宅で24時間週7日の完全介護。5人の住み込みヘルパーさんが交代制で回しています。介護保険を使っても月に60万円かかる介護費用は所有するマンションの賃貸収入では足りず、お母さんや自分の貯金を取り崩しながら対応しています。

なぜ、Eさんはこうしたケアプランを選んだのでしょう。

デイサービスなどの施設を利用したこともありましたが、もともと社交性がないお母さんは精神的ストレスで3か月間、あまり食事が取れなかったことがあります。在宅ケアが最善の道だったのです。

そして、なによりも自分の仕事を続けたかったからです。「仕事中毒は母譲り。誰に反対されようが絶対に辞めたくありませんでした」とそのときの心境を話してくれます。

まだ、介護サービスがうまく使い切れていなかった頃の、介護7年目に会社で大きなターニングポイントが。異動先の総務部でも昼休みの自宅往復を続け、戻るのが遅くなるEさんをおかしく思った上司が「いつも休憩の戻りが遅れるのはどうして？」と声をかけてきたのです。

その上司はEさんにとっては年の近い先輩で、気配りのできる人でした。精神的にも肉体的にも限界を超えていたEさんは、「この人なら話しても大丈夫」と思ったのでしょう。初めてお母さんの介護を告げたのです。

すると、「こうしたほうがいい」「会社に報告すべき」といったことは一切言わずに、「体を壊すと大変だから、食事が取れないときは仕事中でも構わない。休憩スペースでちゃんと食べなさい」とだけEさんに伝えました。

その後、お母さんの介護環境が整い始めた頃に、仕事でやりたいと思っていることを社内で発表する場があり、Eさんは自身が介護者であること、社員の介護制度の拡充に取り組みたいことをプレゼンし、公にカミングアウトすることになります。

これをきっかけに、自分の体調が悪いと偽って取得していた有休も、「母の体調が悪いので」と正直に言えるようになったそうです。また、「実は、私も介護をしている」と男性社員からこっそりと相談が寄せられ、悩みや愚痴を聞き始めています。

「少しずつですが、社内で私なりの介護者支援ができるようになってきました」とEさんは嬉しそうに話します。どうやら同じ介護者として、自分の役割を見つけたようです。

「会社に報告をする」ことが仕事との両立では大切

「介護をしていることを知られると、昇給や昇格に影響するかも」

「今の仕事から外されて閑職に飛ばされるかも」

こうした理由から、介護していることを隠す「隠れ介護」の人が相当数いるのではないかと思います。

でも、勤めている会社で介護をしていることをカミングアウトする、またはできるかは、介護離職をしないで済むかどうかの大きな分かれ目なのです。

Eさんはカミングアウトまで7年もかかりましたが、カミングアウトしたことで限界ギリギリの自分を守ることができ、両立の道も守ることができました。

なぜ、「会社に報告をする」ことが大切なのでしょう。

まず、介護が始まりますと、特にその初動においてはとにかくしょっちゅう、関係各所から連絡や呼び出しが入ります。時間も場所も関係なく、携帯電話やスマホはブルブルと鳴りっ放し。だけど、介護のことを上司や周りに伝えていないと、就業中の私用電話になってしまうわけです。言うなれば、ただの勤務態度の悪い人です。

しっかりと前もって伝えておけば、そうしたレッテルは貼られずに済みます。会社や上司・同僚にどこまで介護に対する理解があるかによって変わってきますが、会社の協力なくして、仕事との両立は到底無理です。

もうひとつ、報告することで隠さずに済む。隠しているという気持ちはストレスになります。介護はそれでなくてもいろいろなストレスがあるので、ひとつでも余分なストレスを減らすのが、自分で自分の身や自分の心を守ることにつながります。

Eさんもカミングアウトしたことで、「うそや隠しごとがなくなり、心身ともにとても楽になった」と言います。ひとつうそをつくと、うそにうそを重ねなければならなくなり、気持ちも体もどんどん消耗していくわけです。

もちろんカミングアウトに、相当の勇気が必要なことはわかっています。ですから、ここからはお願いになってしまいますが、今、仕事をしながら介護をしているという人はどうか後に続く人のためにも、勇気を出してカミングアウトしてほしいのです。

今後ますます働く介護者は増えていきます。介護をしながら働くことが当たり前の社会にするためには、現役の介護者、そして明日、介護者になるかもしれないみなさんのひとつひとつの勇気にかかっていると言っても過言ではないのです。

カミングアウト後に周りがどういう態度を見せるかもポイントです。Eさんの会社では上司や同僚が変にいたわることもなく、以前と変わらない態度で接し、配置換えや業務を減らされることもありませんでした。「これがなによりもありがたかった」そうです。

介護者は、職場で周りに気をつかってもらうことで、かえって居づらく思ってしまうものです。介護は介護、仕事は仕事ときちんと割り切れることが本当は望ましいのです。

「介護者の会に参加できて、救われました」

43歳の独身男性Fさんのケースです。

Fさんが私が主宰する介護者の会に初めて参加した日のことは、今でも鮮明に覚えています。顔面蒼白で、こちらからはとても軽々しく話しかけられない様子でした。Fさんも、「もし会に参加していなかったら、介護離職をしていたし、電車に飛び込むなど大変なことになっていたかも」と当時を振り返ります。

Fさんはひとりっ子で、社会人2年目から両親と離れて暮らしていました。お父さんが慢性腎不全で長期入院することになり、ひとり暮らしとなったお母さんが73歳のときにアルツハイマー型認知症を発症しました。Fさんがちょうど40歳のときです。

当初は物忘れがひどいぐらいで、まだ自分ひとりで家事などができたので、週1回ヘルパーさんを入れて掃除の介助などを頼んでいました。ところが、45年住んでいた集合住宅が建て替えとなり、一時的に仮住まいに引っ越しをしたあたりから症状が進行し始めました。

「ここは自分の家ではない」と外に出てしまい、元の家に戻ろうとしてわからなくなり、迷子になってしまうのです。仕事帰りに実家によると、家にいないことがたびたびありました。よく行くスーパーや行き付けの場所を探しても見当たらず、近所の交番に届けてハラハラして待っていると、遠方で病院に運ばれたという連絡が入ったり、見知らぬ人に助けられたりということが何度も重なりました。

常に目が離せない状態となってしまったため、実家で寝泊まりをし、Fさんが仕事に行っている間はデイサービスやヘルパーさんを入れてなるべくひとりでいる時間をなくすようにしました。

温厚で人のよかった優しいお母さんは、突然人が変わったように攻撃的な性格になるときもあり、それに応対するFさんもイライラし、声も大きくなる。夜中には突然、「私の通帳を返して」とたたき起こされるし、トイレに起きたら起きたで心配なので、おちおち寝ていられません。寝不足にストレス、そして漠然とした将来への不安がFさんを次第に疲弊させていきました。

この辛さを誰かに相談しようにも、ひとりっ子のFさんには兄弟がいません。親戚は遠方で、しかも高齢なので、かえって心配するからと連絡しませんでした。働いている職場に事情を説明したところ、「大変だね」と周りから声をかけられましたが、「どこか上辺だけで、自分の大変さはあまり理解されていない」感じだったそうです。

すべてを自分ひとりで抱えてしまい、その苦労や愚痴を吐き出す場もない。精神的にも辛く、追い詰められ、仕事も辞めようかとまで考えました。

そんなとき、以前職場で介護セミナーがあったことがふと脳裏をよぎりました。介護者の会があるというのを思い出し、ネットで探したところ、私が主宰する会を偶然にも見つけてくれたのです。

「わらにもすがる思い」で私の会に参加したFさんは、初めてのときは女性ばかりが集まった回だったにもかかわらず、自分の現状や思いの丈を少しずつ吐き出してくれました。2回目にお会いしたときはまるで別人のように、たくさんのことを話してくれました。私を含め、同席していたメンバーは「Fさんって、本当は楽しい人なんだ」と思ったぐらいでした。

あとで聞いたところによると、「介護者の会に参加して話せたことで、救われました」と話していました。

定期的に会に参加することで、本来の落ち着きや明るさを取り戻し、お母さんにも優しく接しられるようになったようです。仕事も辞めずに済みました。

介護者仲間をつくることもぜひやってほしい

ネットで探せば、たくさんの介護に関する情報が集められます。書店に行けば、介護コーナーに多くの関連書が並んでいます。でも、実践的で有益な情報はやっぱり介護を経験した介護者が一番持っています。

会社や近くにそうした介護経験者がいるのなら、その人たちとネットワークをつくっておくことをおススメします。情報をもらえたり、共有できたりします。そしてなにより、辛い思いを吐露でき、その辛さを肯定してもらい共感してもらえる。心の支えにもなってくれます。これまで人には言えない介護の思いを共有してもらえることで、「これでいいんだ」と安心できるわけです。

Fさんも、介護者の会でほかの参加者の話を聞くうちに、「介護で苦しんでいるのは自分だけではないんだと気がついた」そうです。同じ仲間がいることで「勇気づけられた」とそのときの気持ちを教えてくれました。

「会で2時間泣き続け、それで安心できました」

Gさん（47歳・女性）も介護者の会と出会って、介護離職を免れたひとりです。

83歳になるお母さんは現在、介護療養型の医療施設に入っています。高次脳機能障害ですでに人の認識ができなくなり、加えてたんの吸引が必要。寝たきりなので3時間おきに体位を変えなければいけなかったために、やむを得ずの入所でしたが、それまでの6年間は在宅で、主にGさんが介護をしてきました。

お母さんは、板前のお父さんとともに小料理屋をやっていて、Gさんが生まれたとき独立したそうですから、古くからの常連がついたお店だったのでしょう。

ただ、脳出血で倒れ、その後は1年から1年半ごとに発病を繰り返すことになり、大好きなお店の仕事が次第にできなくなっていきました。そうはいっても、不自由ながらもお母さんはお店には出て常連さんに挨拶をしたい。Gさんは仕事が終わったあとにお母さんを実家に迎えに行き、お店ではお父さんの手伝いをして家に送り届けてから、旦那さんと住む家に戻る。そんな生活をしばらく続けました。

5度目の脳出血をしたあたりからお母さんは寝たきりに。オムツの交換も必要になりました。慣れない介護でお父さんまでが脳梗塞で倒れてしまい、Gさんが1か月間会社を休んで、泊まり込みで介護をすることにしました。

介護の予備知識がまったくなかったので、ヘルパーさんをできるだけ入れて、食事の介助や着替え、オムツ交換をやってもらいました。それをそばで見ながらGさんはやり方を学んだのです。

当初月に実費で13万円かかっていた介護費用を、1年かけて介護保険の適応限度額の範囲まで落とすことができました。でも、その代償は、Gさんの体と精神面に大きな負担を掛けることにもなってしまいました。

仕事は続けたい気持ちが強かったので、1か月休んだだけで会社に復帰しています。体力的に辛い半面、家から出られ、介護から解放される。Gさんにとっては唯一の気分転換となる大切な時間でした。

妹さんも介護に参加していましたが、子どもが急に熱が出たときなどは、Gさんが代わりに会社を休んでみなければなりません。「なんだか割に合わない」「なんで私だけ」という恨み節もときに出てしまう。「おまえは子どもがいないから仕方ない」

というお父さんの言葉にもGさんは傷つきました。

介護の悩みが相談できるところがないかと、ネットで調べて介護者の会があるのを知りました。でも疲れ果てていたGさんは知らない人と会う元気もなく、しばらく行けませんでした。ようやく参加したのは介護が始まって5年がたったときです。「自分と同じように介護で悩んでいる人に出会えたことで、涙が止まりませんでした」とそのときのことを話してくれます。その体験のお陰で、Gさんは気持ちがとてもラクになり、定期的に通うことで元気になれたそうです。

身体介護は極力やらないほうがいい

介護者の会が身近にない、または、あるかどうかわからない場合でも心配はいりません。全国に介護者支援の団体や介護者の会がたくさんあって、活動しています。比較的どこも女性参加者が多いのですが、男性介護者のネットワークも広がっています。そういったところに出かけて、ぜひ仲間をつくってください。

なお、Gさんはオムツ交換までがんばっていましたが、仕事と介護の両立を目指すのなら、こうした身体介護はなるべくやらないことをおススメします。

身体介護とはオムツ交換や体位交換といった要介護者の体に触れるような、体力を使う介護です。

オムツ交換などの排せつ関係は、要介護者にとっての自尊心に関わる大事な介護ですし、また医療行為はそれこそ命に関わるもの。介護者は極力手を出さずに、医療従事者や介護従事者にやってもらいましょう。また、体位交換はやり方を知らないと、介護者も要介護者もともに体を痛めたり、体調を崩します。

「ものわかりのいい、できのいい長女を演じようとし過ぎました。すべてを完璧にしようとすると自分の体力が持ちません。ちょっといい加減なぐらいがちょうどいいのかも」とGさんも反省しています。

介護はお金がかかります。それは紛れもない事実です。どのくらいかかるかというよりも、どのくらいかけられるかという発想で、身体介護は極力お金を払って、プロにやってもらう。そのお金を払う必要があるので、なおさら離職してはいけないのです。仕事と介護の両立の道をぜひ、模索してもらいたいと思います。

「飲みに行く息抜きがあったから続きました」

次のHさん（49）は2人の娘の育児をしながら、実の両親と義理の両親の介護もし、正社員としてフルタイムで働き続けているスーパーウーマンです。彼女を支え、仕事と介護の両立を続けられたものとはいったいなんだったのでしょうか？

まずは怒濤の介護日誌をひもときます。

ひとりっ子のHさんは二世帯住宅でご両親と一緒に住んでいました。ご両親は2人で雑貨店を営んでいましたが、「もう、しんどくなってきた」と店を閉めることに。お父さん82歳、お母さん79歳のときです。

当時39歳のHさんは10歳と6歳の娘を抱え、1歳年上の、当時はサラリーマンだった旦那さんと共働きをするキャリアウーマン。朝7時半ごろに家を出て、夜8時半ごろに戻ってくる忙しい毎日を送っていました。

朝早くに会社や学校に出かけてしまうという生活のサイクルの違いもあり、また、同じ家に住んでいる安心感から、別々の階に住んでいることもあって、店をやめてからしばらくはご両親の顔を見ていませんでした。

ある日、上の階に住むご両親に用事があり、リビングのドアを開けたとき、Hさんは思いもよらぬ光景に目を疑いました。部屋の中はゴミが散乱し、夏だというのにセーターを着ており、しかも食べこぼしで服は汚れたまま。そして、明らかに様子がおかしいご両親がいたのです。

すぐに2人を専門病院に連れて行くと、お父さんはレビー小体型、お母さんはアルツハイマー型のともに認知症と診断されました。自分の両親が、それも同時に認知症になる。医師の話に、今度は耳を疑ったHさんです。

介護のことなどまったく知らなかったHさんは、「すべて自分でやるものだ」と思い、朝は中学や高校に通うようになった娘さんたちのお弁当をつくってから朝ごはんを用意し、次に、調理の手順がわからなくなったご両親の分の朝食も用意。2人の昼食用にパンを買っておき、夜は会社から戻ってきて夕食の支度をするといった、「まるで仕出し屋のような」生活が始まりました。

認知症の進行とともに排せつの介助も必要になり、オムツをはかせなければならなくなりました。また、アルツハイマー型は昼夜が逆転する症状があるため、夜はパジャマに着替えさせ、毎晩寝かしつけることも必要でした。機嫌が悪くなると言うことを聞かなくなることも増え､昼夜がわからないので夜中でも大声で呼ばれる。そのまま寝てくれず朝を迎えることもしばしばでした。

毎日がいっぱいいっぱいの状態の中、次第に限界を超えている自分にも気づき始めた頃、ケアマネジャーさんのひと言にHさんは衝撃を受けます。「そんなに全部完璧にがんばらなくてもいいんですよ。『ご両親を嫌いになる前』に、ヘルパーさんにできるところは任せてみませんか？」

Hさんは「親の介護は子どもがするのが当然」という呪縛から自分が解かれた気がし、同時に「すべて自分でやらなくてもいい」という選択肢があることを知りました。そして、「利用することは自分が介護を怠けている」ようなイメージがあって抵抗感のあったヘルパーさんを、家に入れることにしたのです。

ひとりで抱えていた介護を、徐々に介護サービスに移行させていきました。デイサービスへの送り出し、すでにひとりではできなくなった入浴、配膳してある食事の温め直し、掃除や洗濯、調理の補助……。

「とにかく、そのときに困っていたことや気になることをどんどん相談しました。両親が家にひきこもりがちだったのでそれを相談したら、買い物の補助というのがあるのも教えてもらいました」とそのときのやり取りを話してくれます。

無理をする前に、どんなことでもケアマネジャーさんに相談するようにし始めたら、いろいろな解決策を教えてくれるので、Hさんは介護がとてもラクになっていったそうです。

ほどなくして、今度は旦那さんのご両親が、やはりほぼ同時期にふたりとも認知症を発症。まさかの同時多発介護の連発です。遠方に住んでいたので、Hさん宅の向かいのマンションに引っ越してもらうことにしました。

ちょうど、同じ時期に脱サラをして介護関連の事業を始めた旦那さんや、義理のご両親と同居することにしてくれた義理のお姉さんも交えたチーム態勢で臨むことにしました。

自分に課せられた仕事はきっちりこなす

肝心の仕事のほうはどうなっていたかというと、介護が始まってすぐに所属部署のマネジャーに事情を説明。Hさんと同期だったこともあり、親身になって心配してくれたそうです。通院やデイサービスの見学などでたびたび休まざるを得ず、早退や有給休暇を使って休むことも多かったそうですが、そうしたことにも理解を示してくれました。

時差出社をした日は残業をしてやるべき仕事はしっかりこなし、また突発的なことに備えて周りのスタッフに指示を出し、自分がいなくても仕事が回るような段取りにも常に気を配る。Hさんは「いくら介護をしているからといって、仕事をこなせないと社内で肩身が狭くなる」と徹底しました。

そんな超人的に忙しいHさんですが、欠かさなかったことがあります。同僚や友人と飲みに行くことです。「実は介護をしていると言うと大変そうと思われて、飲み会のお誘いがかからなくなるのが嫌で、カミングアウトがなかなかできなかったんです」とHさんは笑います。こういう理由で、カミングアウトができない場合もあるわけです。

Hさんにとって、飲みながらたわいもない話をする時間が、介護や育児の慌ただしさをしばし忘れ、日ごろの疲れや辛さの息抜きとなる。そして癒やしにもなる。「この時間がなかったら続かなかった」そうです。

その後、ご両親は相次いで肺炎となり入院。最後は同じ介護療養型施設の、同じフロアで過ごしました。そして入院から約1年後にお父さんが90歳で、翌年にお母さんが88歳で亡くなりました。

Hさんのご両親はふたりともひとりっ子で親戚もいないため、延命治療をどのくらいするかといった、「命の期限」を決める判断はすべてHさんがしなければなりませんでした。二度も辛い決断をしましたが、「自分なりにできる限り良かれと思うことを選択したのではないか」と振り返ります。そうした気持ちがご両親を亡くしたあとの悲しみの中でも、前を向く力になったとHさんは考えています。

ストレスを定期的に発散することを習慣にする

「要介護者に比べれば、自分の苦労はどうってことない」「あの人に比べれば……」

と言う人がいますが、そもそも介護は比べるものではありません。あの人も大変ならあなたも大変。「大変」に尺度はなく、同じように大変なのです。

でも、大変な思いや疲れが積もり積もると、感覚がマヒしてきて「もう少しがんばれるかも」という状態になり無理をしてしまう。そして、自分では気づいていない間に心も体もボロボロに傷ついたり、あるときに一気に爆発したりします。

ですから、介護が始まったり、今現在介護をしている人は定期的に発散することをルーティンにしてください。

「私は疲れていない」ではなく、無理にでも休んでほしい。介護は長期戦になることもあるので、心と体のケアは定期的にしてほしいと思っています。

その方法ややり方は人それぞれです。私は散歩で息を抜いていますし、Hさんは仲間と飲みに行くことで、ストレスを発散してきました。

またHさんは「仕事をするという、介護や育児とは別の時間を持ち続けたことは大きかった」と話します。仕事中に呼び出しなどがかかったりしますが、「どんなに心配しても仕方ない、と会社にいるときは割り切れました」。行き帰りの通勤時間に、自分の中のスイッチをそっと切り替えていたそうです。

ここで、４人の働く介護者の事例から見えてきたことをまとめますと、仕事と介護を両立させるためには、次の４つのポイントを肝に銘じることです。

①必ず、職場に報告しましょう！
②介護者仲間をつくりましょう！
③身体介護は極力避けましょう！
④定期的にストレスを発散しましょう！

第4章

働く介護者は4つの環境に囲まれている

要介護者のことを意識せず働ける環境をつくる

私の介護経験から言いますと、仕事と介護を両立する上で重要なのが、会社で仕事をしているときに要介護者のことを極力意識しないで働くことができるかどうかです。

会社で仕事をしていても、なにかのときに呼び出しや連絡などが入ってきますが、それはそれと割り切って、仕事に集中できる環境があるかどうか。いつも要介護者のことを気にしていなければならないのなら、仕事をしていくことは難しいでしょう。自分が常に見守っていなくても、要介護者が安心して過ごせる環境があれば、ある程度心配することなく仕事ができます。

もし、そうした環境がないなら、自分でつくっていくしかありません。ある意味、そうした「介護環境」を整備することが、仕事と介護を両立させるための大前提となるのです。

要介護者のことを極力意識しないで働ける環境とは、いわば要介護者のことを極力意識しないで、自分の人生を歩める環境ともいえます。

働く介護者は次の4つの環境に囲まれています。

「家族・親族」「会社・職場」「行政・地域」「医療・介護サービス」の4つです。

この4つの環境にあるリソース、いわゆる資源や資産、情報を自分なりに適宜入手して、相互に調整し、上手にコントロールする。こうしたスキルが、仕事と介護を両立していくために求められます。

では、いったいどのように整備していけばいいのか、実際に両立に成功している介護者のみなさんの事例から学んでいくことにしましょう。

Iさんの場合「親族みんなで介護を分担する」

Iさん(59)のところでは、4歳年上の旦那さんとその妹さん(60)がおのおの分担しながら介護に参加し、「家族・親族」の介護環境を上手につくられています。ただ、ここに至るまでにはずいぶんと苦労があったようです。

Iさんは正社員で、義理の妹さんはフルタイムのパート、旦那さんはすでに定年退職し週3日のパートで仕事をしています。結婚が遅かったIさんには大学生のひとり息子（18）がいます。

近くに住む旦那さんのご両親、お義父さん（89）、お義母さん（87）が要介護者です。ことの発端は、お義父さんが86歳のときに、庭の渋柿を取ろうとして木から落ちて、圧迫骨折をしました。

お義父さんの入院中からお義母さんの様子がどうも気になって、退院後に両親が2人だけで生活していくのを心配に思ったIさんは、旦那さんに地域包括支援センター（要介護者が居住する地域の介護相談窓口、略称「地域包括」）に行って、相談することを勧めました。

一応、旦那さんが地域包括に行って専門職の相談員と面談して、お義母さんを診てもらう専門医を紹介してもらいました。そして、アルツハイマー型認知症であることがわかったのです。

介護認定を受けたあとに、「彼らは介護のプロ。うちが必要な介護サービスを向こうから提案してくれるだろう」と旦那さんは自宅で待っていました。

あとから聞いた話では、このとき旦那さんは具体的な相談をしなかったのではなく、できなかったようです。地域包括の相談員から開口一番「どんなサービスをご希望ですか?」と言われて、「どんなサービスがあるのか、わからないから相談に行ったのに、そんなふうに言われて……」と地域包括に対して不信感を残しただけだったわけです。

せっかく勇気を出して出向いたら、そんなぞんざいな対応だし、そもそも旦那さんも、他県で家族を持っている義理の妹さんも認知症であることを認めたくない、という思いが強かった。

Iさんは旦那さんと妹さんに何度も地域包括に具体的な相談をするように言いま

したが、「家のことをきちんとやれているんだから、大丈夫」と言うばかり。Iさんの助言に2人とも聞く耳を持たない感じでした。

義理の立場なので口をはさみたくなかったIさんですが、私の介護セミナーなどにも積極的に参加し、「介護は初動が大切」ということを知っていただけに、いっこうにアクションを起こそうとしない旦那さんたちを見ていられませんでした。

大家族の中で育ったIさんは、家族全員で祖父母の介護をしている姿を見ながら育ちました。「介護はみんなでやるのが当たり前」と思っていたのです。

出しゃばらずに、「全員参加」の環境を整える

そこで、ひとりで地域包括に出向いて事情を説明し、必要なサービス内容を確認しました。また、旦那さんと妹さんを交えた3者の家族会議を開き、今後の介護への取り組み方を話し合い、確認しました。

妹さんもIさんも、仕事を続けていくには同居が難しかったので、介護サービスを使うことが前提でした。平日は旦那さん、週末は妹さんがみることを分担し、Iさんや妹さんの旦那さんも行けるときには顔を出すことにしました。介護サービスはデイサービスと訪問看護、またヘルパーさんを入れて料理や洗濯の介助をしてもらうことにしたのです。

当初、ヘルパーさんを家に入れることに旦那さんは反対しており、Iさんから言いだすと「オマエは自分がやりたくないからそういうことを言うんだ」と角が立つ。そこで、「こういうサービスを使うとお義母さんもラクになる」といった具合にケアマネジャーさんや看護師さんからアドバイスしてもらうように頼みました。

Iさんは前面に出ることを控えながら、介護環境を整えていったわけです。

「介護は変化していくので、また新たな選択や決断が必要になるでしょう。そのときになったら、みんなでまた考えようと話しています」。いっときは険悪だった旦那さんとの関係も今では元に戻っているそうです。

家族がどこまで介護するかを決める

口は出すけど、手は出さない。

介護が始まると、家族・親族でよくこういう話を聞きますし、実際にこういう人は結構いたりします。

家族・親族はときに味方になってくれますが、ときには敵になることもあって、一筋縄では行きません。また、家族・親族みんなが納得して始まる介護というのも、まずありません。不安だけでなく、不満も必ずあるのです。

介護が始まった当初、旦那さんと離れて住んでいる妹さんの関係もギスギスしたそうです。旦那さんは長男で責任感の強いタイプです。自分が一生懸命がんばっているときに、妹さんだけがラクをしているように映ったのでしょう。

あるとき旦那さんが妹さんに「オマエはなにもやっていない」と文句を言ってしまったそうです。妹さんはその言葉を覚えていて、その後は意地になって、自分の分担である週末の1日は実家に通っています。

また、金銭管理やケアスタッフさんとの連絡も担ってくれるようになりました。Iさんたちはそれぞれができることを中心に分担することで、今ではみんなで参加の介護環境が継続できています。

介護環境の整備とは、だれがやる？　お金はどうする？　どこでやる？　を決めていくことといえます。その際、なにを要介護者に援助するべきかを見極めなければなりません。介護は自立支援なので、要介護者ができることは手を出すべきではなく、家族がどこまで介護するかを決める必要があります。

そこで介護が始まったら、まずキーパーソンは誰が担うのか、主となる介護者は誰が担うのか、は最低限決めておきましょう。キーパーソンとは、最終的な意思決定をする人です。主たる介護者は親などの介護において中心的に指示を出したり、動いたりする人のことをいいます。

我が家の場合は、私がキーパーソンであり主たる介護者で、3歳年上の、結婚して別居している姉はサブの介護者となっています。

母は認知症ですが、洗濯ができます。食器洗いもお風呂も沸かせます。時間はかかるし、ときどき洗剤を入れなかったり、お皿の置き場所を間違ったり、はたまたお湯があふれたりしますが、だからといってこちらが手を差し伸べると、そうしたことができなくなってしまいます。

お金や薬、食事の管理は母はできませんので、私がケアスタッフさんと一緒にやっています。ただ、ケアマネジャーさんには、私と姉は「介護はしません。支援者としてカウントしないでほしい」と伝えています。私がしているのは、母と一緒に住んで、薬を出し、ご飯をつくること。姉は通院に付き添うこと、とあらかじめ決めました。無理をしたくないので、それ以外はできるだけしないように心掛けています。

とりわけ気を使ってほしいのが、介護にかかる費用のこと。お金のことはもめることが多いので、家族・親族間で事前にしっかりと打ち合わせをしてルールを共有すべきでしょう。

ちなみに、我が家では母の年金と貯金から払っています。要介護者のお財布を介護に使うことは比較的もめずに済むことが多いので、おススメします。

ただ、こうしていったん決めたことも、その都度、定期的に見直していく必要があります。というのも、関わっている全員の「状況が変わっていく」からです。

要介護者の症状や状態が変化することは、なんとなくイメージできると思いますが、実は介護している家族・親族も年を取っていきます。定年になるとか、病気やケガになるとか、メインでみていた人がみられなくなる場合もあります。

よくあるもめごとは「初めにこうやって決めたじゃないか！」「あのとき、こう言ったはず！」というものです。資金を援助してくれた人が援助できなくなることもあるし、パートナーが介護状態になって親の介護まで手が回らなくなることもある。

ですから、定期的な見直しをルール化しておく。たとえば、要介護認定は最初が半年に1回、次いで1年また3か月から2年ごとの更新となりますので、それを目途に介護環境を見直すことを強くおススメします。

Jさんの場合「介護しやすい環境を求めて転職」

Jさんは、上は大学4年生、下は小学4年生の四女一男を育てるシングルマザー(55)です。これだけでも大変なのに、その上、91歳のお父さんと81歳のお母さんを在宅で介護しています。ちょっと驚きのスーパーウーマンですが、やろうと思えばできるわけです。

Jさん自身は障がい者の施設勤務に始まって、高齢者施設、介護事業所を経て現在は福祉専門学校で職業としての介護を教えています。30年のキャリアを持つ介護従事者のプロでもあるので、一般の人より情報や知恵があったことを大いに生かしています。

お父さんは70代の頃から脳出血や脳梗塞で入退院を繰り返し、5回目の脳出血以降、できないことが増え、それとともに認知症が出てきました。

そのとき介護事業所に勤めていたJさんは病院からの呼び出し、通院、入退院の度に会社を休み、とうとう有休を使い果たしてしまいました。その介護事業所は半休か1日単位でしか有休が使えませんでした。

でも、介護はデイサービスへの送り出しや迎え、訪問看護など、1時間だけ家にいれば済むということも多いので、「もっと融通が利く環境がほしかった」と介護転職を決意しました。現在の職場は1時間単位で有休が取れるので、格段に利便性が増したわけです。こうしてJさんは「会社・職場」環境を整えたのです。

ただ、勤務時間は8時45分から夕方4時45分まで。お父さん自身は要介護5と全面的な介護が必要な状態なので、Jさんが働いている間は介護サービスや他の人に委ねなければなりません。

そこで、週5日のデイサービスに加え、訪問看護と訪問医を入れ、朝・昼・夜に1時間ずつヘルパーさんを入れることにしました。また、ふいの発熱などに備えて、

24時間往診してくれる医療サービスとも契約しています。

当然、月々の介護費用は介護保険限度額内には収まらず、実費で30万円を超している状態です。ご両親の年金だけでは足りず、ご自分の収入も充てています。

30万円というと、おひとりを施設に入れるのとほぼ同じぐらいの金額になります。ではなぜ、Jさんはこれほどまで実費をかけた介護プランを組んでいるのでしょうか。

それは、ご両親をあくまでも在宅でみたかったからです。そして、なによりも会社を辞めたくなかったからです。「両親は子どもたちの保育園の送り迎えを手伝ってくれるなど、私が働くことをずっと応援してくれました。なのに、自分の介護で私が辞めてしまったら、　きっと不本意だと思うはずです」と言います。

そして、正社員でいることで自分の社会性を手放さずに済むことにも、Jさんはとことんこだわっています。

介護は情報戦。情報という「道具」を使いこなす

仕事と介護を両立するためには、「会社・職場」にあるリソースもどんどん活用していくべきです。特に、介護のために一定の時間が拘束される場合、それが就業時間にかかってしまうときにどう対応していけるかは、介護離職をしない大きなポイントとなります。

介護休暇や介護休業を活用する方法もありますし、勤めている会社が独自に設けている介護制度もあったりします。自分の会社にはどんな制度があるのか、それがどう活用できるのかを、しっかり把握しておくことはポイントです。

Jさんは有休を時間単位で取れるという制度を使うために、転職までして介護環境を整備しました。30年のキャリアを持つ介護従事者のプロでもあるので、普通の人よりは情報も知恵もあり、介護に対して長けていたことも大きい。だからこそ、5人の子育てと並行して介護も可能となりました。

つまり、どんな状況でも、情報＝道具がありさえすれば、不可能と思えることも可能となるのです。

まさに、介護は情報戦なのです。有益な情報をしっかりとゲットできれば、どんな困難にも立ち向かっていけるわけです。

ただし、そうした役に立つ情報がどこにあるかを知っていないと、探すのに無駄な時間と労力を費やすだけです。また、情報は道具でもあるので、その使い方をあらかじめ知っていないと、その力は十二分に発揮させることができません。

どこに行けば情報が取れ、どうすれば使えるのか。そうした知恵を得るのも、ひとつの情報戦です。

Kさんの場合「やり手の奥さんをしっかりサポート」

会社と家族という環境をバランスよく整えながらご両親の介護をしているのが、

建築会社に勤めるKさん（42）です。どちらかというと、主に采配を振っている1歳年下の奥さんを上手に、そしてていねいにサポートしているという言い方のほうが当たっているかもしれません。

奥さんとの間に10歳の娘さんと6歳の息子さんがいて、今まさに子育て中。二世帯住宅で、ご自身のご両親と住んでいます。

73歳のお父さんは賃貸物件を管理する不動産業を営んでいましたが。60代の中ごろに認知症を発症し、奥さんとお母さん（68）が分担しながら、介護をするようになっています。どちらかというと、奥さんが全体をコントロールしている感じです。

Kさんは基本的にはそうした奥さんを「見守ること」に徹し、基本的にはご本人は会社で遅くまで残業する生活を送っています。ところが、ときどき外に出掛けたままのお父さんが行方不明になることがありました。そうしたときは会社の上司に説明し、早退することもありました。

「普段からプライベートの話をよく会社でもしているので、介護のことを話すのもあまり抵抗感はありませんでした」と場の雰囲気づくりに気を配るKさん。家庭同様に会社内での環境整備にも抜かりありません。

一緒に介護を分担していたお母さんも次第に認知症状が現れたようで、2人の介護を奥さんが主たる介護者としてみていかなければならなくなりました。また、お父さんが手掛けていた不動産業を法人化し、その社長に奥さんは就いています。以前から手掛けていたパン教室の経営も並行して行っています。

「僕が言うのもなんですが、すごくパワフルでバイタリティーのある人なんです」とKさんは優しい笑顔を浮かべながら教えてくれます。結婚する前は、病院で臨床検査技師をやっていて、いまだに医療学会誌を定期購読しています。いつでも復帰できるようにしているのでしょう。

そんなやり手の奥さんですが、介護は精神も肉体もすり減らすことが多い。仕事で遅くなることも多いKさんは、子どもたちが寝たあとに2人でいろいろと話ができる、「夫婦水入らずの時間」をなるべくつくるように心掛けて、奥さん自身のメンタルケアを行っています。

互いにいたわり合いながら、難局を乗り越える

介護は長期戦ですし、心理的な消耗戦にもなりがちです。コミュニケーションが取りにくい要介護者へのイライラを、パートナーに向けてしまうこともあるかもしれません。そのせいか、介護が原因で仲が悪くなったり、はたまた離婚してしまったりというご夫婦もたくさんいます。

それでなくても、親が要介護者になってショックなのに、さらに辛いことが増えてしまうのはやり切れないことでしょう。そうしたことがないように、日ごろからの気配りや気遣い、そしていたわりは大切です。

夫婦も兄弟も親族も、ひとたび身内で介護が起これば、ひとつのチームとして臨んでいくべきです。でなければ、親しい故に傷つけ合ったり、距離が近い故に遠慮

がなかったりすることもあります。互いに協力し合い、相手がやったことに対してはきちんと感謝の意も伝える。「親しき中にも礼儀あり」が、介護に関しては特に求められるかもしれません。

ちなみに、Kさんは、長期戦の介護には、体力と精神力も求められると考えて、家族全員で合気道の道場に通っています。

私の場合「行政と地域の資源をフル活用する」

働く介護者を取り巻く環境のひとつ、「行政・地域」に関しては、私の事例をお話ししましょう。

まず、私の母の医療費は毎月実質ゼロです。うつ病で糖尿病も患い、人工関節の手術をする前にはひざが痛くて整形外科にも通っていました。認知症なので精神科にも定期的に通院し、各科でいろいろな薬を出してもらっています。けれど、行政のサービスを使いこなすと、ゼロとなるのです。

どうしてゼロとなるのか、解説していくことにしましょう。

母が65歳のときに「老人医療費受給者証」を申請し、その時点では医療費の自己負担は1割でした。ほぼ同時期に、うつ病だったので「精神障害者保健福祉手帳」を交付してもらっています。

71歳のときに今度は世帯分離をして、母の所得区分を下げました。また、精神障害者保健福祉手帳を持っていたので、75歳になっていなくても後期高齢者医療制度に加入できたので、「重度心身障害者医療費受給資格」を取得しました。これで毎月、医療費の領収書と申請書を役所に提出すると医療費が全額助成される、という仕組みです。

さらに、「高額療養費」の申請や医療費の「限度額適用・標準負担額減額認定証」を取得しているので、外来費と入院費の上限がそれぞれ8000円、2万4600円と決まっています。しかも、外来費・入院費とも自己負担分が重度心身障害者医療費から助成されます。

だから、ゼロなのです。

こうした行政サービスの助成によって、検査や薬の費用を気にしないで受けられるので、医療を受けることや入院に躊躇しないで済むようになりました。こうした助成制度は経済的な不安がつきまとう介護生活には大変ありがたいものです。

一方、介護サービスの費用については、私が住んでいる自治体には「介護保険利用者負担補助」というのがあります。これを使うと、介護サービス利用料の25%を補助してくれます。これもとても助かっています。

我が家の介護サービスは、デイサービスが週5日と月1回の日曜デイ、訪問看護週1回（60分）、ヘルパーさん週1回（30分）。これに毎月、ショートステイ1泊2日を利用していますが、平均して4万円台で済んでいます。

「知らぬは損」にならないために

こうした自治体の行政サービスは地域によって内容などが違ってきますので、まず自分の住んでいる自治体の行政サービスで、自分の介護環境で使えるものがないかどうかを確認することが必要です。

ご存じのように、自治体は縦割り組織なので、ひとつの窓口でそうした行政サービスを教えてくれることはまずありません。あっちへ行ったりこっちへ行ったりとたらい回しにされることになるかもしれませんが、行政サービスに関しては「知らないほうが悪い」「知らぬは損」。自分で積極的に探って、情報を取りに行くしかありません。

母のご近所コミュニティーにおんぶに抱っこ

母は今の地域に住んで50年以上経っています。専業主婦ではありましたが、かつては民生委員を20年間務め、町内会の理事もやらせていただきました。近所の郵便局でも12年間アルバイトをしていたことがあります。

つまり、母は地域では「顔が広い」のです。要介護者となると、この顔の広さはものすごい「味方」になってくれます。

たとえば、お花屋さんでお花を買えば、母の状態をみて声をかけてくれます。八百屋さんに行けば、ここでは以前、母の状態をみて自宅まで一緒に荷物を運んでくれました。

町内会の方が夕方から夜に掛けて街の見回りをしていますが、母とすれ違えば必ず声をかけてくださいます。昔の民生委員仲間が定期的に食事会に誘ってくれます。先日は私が仕事に出ている間に、近所のおばちゃんと花見に行っていました。

母がゴミを出そうとしているときに近所の方と会うと、ゴミ置き場まで持って行ってくれます。ゴミ当番が回ってくると、ゴミのケースを朝に出して昼過ぎに回収するのですが、私が働いているので昼の回収はご近所の人がやってくれます。

郵便局は母がアルバイトをしていたので、私も局長さんや職員さんと顔見知りです。万が一、母がひとりでお金を引き出しに来たら「娘さんに一度電話で確認しましょう」と言ってくださいとお願いしてあります。

これらは、母が専業主婦として家庭を守り、地域に貢献して、こつこつとご近所コミュニティーを築いてきたからこそ培われたものです。

私がやったことといえば、母の状態をご近所に伝えるぐらい。よく行く店には認知症であることを伝え、私と姉の携帯番号とメールアドレスをカードにして、ご近所に配ったぐらいです。

あるとき、なんとも都合が悪く母の状態が最悪でした。でも、どうしても打ち合わせに行かなくてならず、母を家に4時間ほどひとりにしたことがあります。そのとき、不安で外へ出てしまったようで、近所のおばちゃんから携帯電話に連絡があり「ウチで預かっているから、帰りに寄りなさい」と言っていただけました。このときほど、ご近所の親切がありがたいと思ったことはありません。

とにかく、我が家のご近所の結束力とレベルはすご過ぎます。

そんなご近所で私ができるのは、笑顔で挨拶するだけです。そして、感謝の気持ちを言葉にして伝えることぐらい。私が今介護をしながら毎日、元気に仕事に出かけることが、ご近所の方への恩返しなのかもしれません。

地域と関わることで、介護がラクになる

一般に、働きながらの介護で地域との関わりを持つのは至難の業です。昔から住んでいる地域や、子どもがいて地域との関わりが持ちやすいならまだしも、おひとり様であったり、引っ越してきたばかりの土地では、そうたやすくご近所コミュニ

ティーはつくれないでしょう。

ご近所との関わりが自分にとってストレスになるようであれば、無理して付き合う必要はありませんが、要介護者が奇声を発したり徘徊があったりすると、ご近所とのトラブルになることもあります。最低でも笑顔で挨拶を交わし、お互いの名前は知っているという関係ぐらいはつくっておいたほうがいいと思います。

また、ご近所付き合いは介護においては「見守り」にもなります。「なにか気になることがあればご連絡ください」とご近所に名刺や連絡先などを配布しておくのもひとつの手段です。地域との関わりを持つために、休みの日に地域のボランティアに参加するのもいいかもしれません。

とにかく、地域の目や手を借りるきっかけはあるということを知っておいてください。地域との関わりがあることで、介護がラクになることもあるのですから。

Lさんの場合「勤務に合わせサービスを組み立てる」

独身女性でひとりっ子のLさん（50）は、家族や親族という身内のマンパワーは使えない分、「医療・介護サービス」を上手に駆使して、仕事が両立する介護環境を整えています。

17歳のときにお父さんが他界し、以来母ひとり子ひとり。18歳からは、片道2時間半かかる距離で別居を始めました。今81歳のお母さんは55歳のときに、血管に炎症が起こる難病を発症し、指定難病の認定を取られています。

しばらくはひとり暮らしでも問題なく過ごせていましたが、加齢や難病の薬の後遺症で骨がもろくなり、ちょっとした弾みで骨折をすることが多くなりました。特に、膝が悪く、人工膝関節置換手術を受けたあとは歩行器を使わないと歩けなくなってしまったので、Lさんは週末には実家に泊まるようになり、次第に平日でも泊まる日が増えていきました。

79歳のときに脳梗塞を起こしてからはひとりにしておけなくなり、Lさんの家で同居することに。長年住んでいたので、バリアフリーにするための改装工事は大家さんが好意で負担してくれました。

ただ、転倒して骨折、手術ということを何度も繰り返したので、Lさんが仕事でいない昼間になるべくひとりでいる時間をなくすようなサービス態勢を組む必要がありました。

Lさんが勤める人材紹介会社はフレックスタイムのシフト制。そこで勤務シフトに合わせて、家を不在にする時間に週2回のデイサービス、週各1回の訪問看護と訪問リハビリ、週5日のヘルパーさんを入れるプランをケアマネジャーさんと相談しながら考えました。

「ケアマネさんはとてもいい人に恵まれて、こちらの細かい要望を伝えると、それにもきちんと応えてくれます。母が倒れたときに私がすぐに戻れない際は『こちらで行くから、電話ください』とまで言われています」とLさんは話します。

ちなみに、お母さんの要介護認定は、「立ち上がりや歩行が困難」に相当する要介護3。訪問リハビリと訪問看護の費用は指定難病の医療保険を利用しているので、残りのサービスは介護保険を使っていくと毎月の実費は2万5000円程度に抑えられているとのことです。

勤務スタイルに合わせて、最適なプランニング

Lさんのようにフレックスタイムが使えると、遅刻や早退をすることもないので、仕事と介護の両立は定時の会社よりはしやすいでしょう。ただ、シフト制の場合、その都度仕事時間が変わってくることもあります。それに合わせてプランもフレキシビルに変えていく必要があるので、ケアマネ（ケアマネジャー）さんとの密なコミュニケーションが求められます。

また、いくらしっかりとプランニングしても、介護は突発的なことも起こりやす

く、そうした場合のリスク回避なども前もって考えていかなければなりません。その点、Lさんはケアマネさんとこまめに連携を取り、相談しながら柔軟な対応ができる介護環境をつくっています。

お母さんがデイサービスに行くときに、ご自身の休みを入れることもあります。Lさんはこう話します。「友達と会ってランチをしたり、家でひとり、掃除していたり。こうした『私の時間』があるからこそ、母と過ごす時間もより有意義に過ごそうと思うんです」

自分だけの時間、適度に息を抜きストレスを発散できる時間をしっかりとつくっている。さすが、時間の使い方と段取りが上手なLさんです。

仕事がデキる人は、介護もデキる！

私を含め5人の介護者の成功事例から、共通して見えてくるものがあります。それは、「目的」→「問題（不安）」→「準備」→「アクション」という一連の流れができていることです。

まずは自分の人生と生活を基準にして、その上で要介護者とどのように関わるかを考えます。そのためにはどういう環境を用意するか。これが「目的」です。この「目的」を達成するために、まず、ＷＨＡＴ（＝困っていること、わからないこと）を列挙します。そしてＷＨＹ（＝なぜ、困っているのか？　その理由）を明確にします。これが「問題」となります。

次に、ＷＨＥＲＥ（＝どこに行けばいいのか？　どこにあるのか？）、ＷＨＯ（＝誰に相談すればいいのか？　誰がやるのか？）、ＷＨＥＮ（＝いつまでに解決すればいいのか？　いつ・何時に行けばいいのか？）、ＨＯＷ（＝お金の準備は必要？　持って行くものは？　どうやってコミュニケーションを取ればいいの？）。つまり、どこにある情報＝道具を、どのように使うかといった「準備」をするわけです。

そして、ようやく「アクション」なのです。

5W1Hと、なんだか聞き慣れたワードが出てきました。そうです、これはみなさんがいつも会社でやっている仕事と同じ進め方なのです。

目的がなくて、いきなり机に向かってデスクワークを始めることはないし、なんの下調べもせずにいきなり飛び込み営業をしても成果は上がりにくい。きちんと目的を掲げ、そのための課題を割り出し、資料の準備をしてから、営業する。これがビジネスの定石ですし、すでにみなさんが持っているスキルです。

ところが、介護となるとこれができなくなってしまうのです。感情が先走って、「ああ大変！　なにもわからないけど、急がないと。とりあえず、やっておこう！」とついついアクションを先にしてしまうのです。

こうした場当たりで動くことが、かえって二度手間三度手間になることが介護では特に多い。そして、二度手間三度手間になると、必ず体力を消耗します。「また、振り出しかよ」となると気力も萎えてきます。何度も何度もやると、今度は心がボキボキと折れてしまい、体も心も痛めることになってしまいます。

感情に走ってしまうのはわかります。私も感情に走って、二度手間三度手間の苦い経験をし、ここまで介護上手になるまでに13年もかかってしまいました。

あなたも私と同じように13年かけたいですか？

かけたくないのなら、普段の仕事のように、「なんのために（目的）、なにが問題で（問題）、そのためにはなにが必要（準備）、だから行動する（アクション）」という考え方のサイクルを持って動くように心掛けましょう。

介護は気力、体力、時間、そしてお金がかかる

Mさんは旦那さん、中学生の長女と東京で暮らしています。群馬でひとり暮らしするお母さんが倒れたということで、会社の介護休暇を取って急いで群馬の、お母さんが入院した病院に向かいました。

医師から「誰かがみていたほうがいい」と言われましたが、彼女には東京に仕事

がありますし、家庭もあります。地域包括に行ったら、「グループホームがいいのでは」と勧められたので、すぐに入れるグループホームを探し回ったそうです。ようやく見つかり、入所寸前まで準備ができたところに、実家近くに住んでいる妹さんが「なんで入所させるのよ。お母さんはそんな状態じゃないでしょ」と言いだしたのです。

妹さんの意見も聞かずに勝手に動いてしまったことを反省し、そこで、在宅ケアにした場合の準備もしておこうと思い、とてもよくしてもらったグループホームのケアマネさんに相談したら、「在宅であれば私は担当外なので手伝えない。地域包括で相談してください」と言われてしまった。なんだか裏切られたように感じ、やる気をなくしてしまいました。

時間ばかりが過ぎ、東京の仕事も気になる。「ああ、どうしよう」と困られて、インターネットで私のところのホームページを探して、相談の連絡がありました。

この話では、ケアマネさんが別に裏切ったわけでなく、在宅と入所のケアマネさんはそもそも別。そうした制度や仕組みを知らないばっかりに、勝手に裏切られたと思ってしまう。準備なしで思いつくまま動くと、このように無駄に傷ついたり、無駄に時間が過ぎてしまったりするわけです。

介護は、とにかく気力、体力、時間、そしてお金がかかります。この4つをある意味コストと考えて、なるべく無駄なコストをかけないような「コスト感覚」が求められるのです。

介護のコストにはメリハリが大事です

気力、体力、時間、お金。どこにどれだけのコストを使うべきなのか、メリハリが大切になってきます。

もし、要介護者ないしは主たる介護者のあなたにお金が潤沢にあるのなら、介護はできるだけお金で解決するようにすべきでしょう。

そんなにお金は持ち合わせていないとなれば、介護サービスを使っていくしかありませんが、在宅介護を選択した場合、保険の限度額内で24時間365日の介護は無理です。どこかの時間帯や月の数日は要介護者ひとりでがんばってもらうか、他の自費サービスで賄うか、はたまたあなたや家族の時間と体力を利用するかです。

介護者の時間は、会社の介護休暇や、会社に時短制度やフレックス制度があるならそうした制度の活用から捻出していきますが、給与にも影響してくるので、自費サービスを使った場合との費用対効果を考えてみる必要があるでしょう。

また、要介護者によっては通院というミッションがあります。ひとりで通院できない場合は誰が同伴するかという問題が浮上してきます。ヘルパーさんでは通院同伴は原則病院までとお迎えだけで、病院の中は医療となり、あなたが会社を休んで同伴することを余儀なくされるケースがあります。

こうした場合、受診科が複数ある場合は訪問医療という方法があります。もちろん受診科によって対応できない場合もありますし、費用もかかります。自分の時間と体力のコストとの、これも比較になってきます。

自治体の助成や補助を活用して、出ていくお金を抑える、助成してもらうなど経済的なメリハリをつけることもできます。

社会福祉協議会といった、地域の福祉活動の推進を担う民間組織のボランティアによるサービスを活用する方法もありますし、介護予防として提供者側になることもできます。

まだ元気な要介護者が「わしは、デイサービスなど必要ない。老人扱いするな!」と駄々をこねる話はよくあります。そういうときはサービス提供者になってもらうのです。

もちろん元気な要介護者の状態にもよりますが、たとえば介護施設によっては、メンバーが足りないので麻雀をするボランティアだったり、施設で毎日出る洗濯物をたたむボランティアを受け入れています。そういった仕事をすることで、要介護者は介護施設側からの「見守り」も受けられるわけです。その上社会貢献にもなります。本人のモチベーションも違ってくることでしょう。そして、要介護者の介護コストも抑えられる場合もあります。

Nさんの場合「遠距離をスキルとITで乗り切る」

ここで、Nさん（45）の事例をお話ししましょう。彼女はビジネス目線で介護をとらえ、ビジネスで培ったスキルで対応することで、DVまで発生してこじれてしまった介護の環境を整えることに成功しました。現在、主たる介護者ではありませんが、Skypeなどのｌ Tを使って遠距離介護も乗り切っています。

岩手県出身のNさんには5歳上と2歳上の2人のお兄さんがいます。3人とも東京で働く独身です。岩手の実家にはお父さん（84）とお母さん（79）が住んでいます。お母さんは認知症のおばあちゃん（当時98）の面倒を見ていましたが、70歳のときに脳出血で倒れ、左半身がマヒとなりました。

おばあちゃんは介護が難しくなったので老健（介護老人保健施設）に入所してもらい、1年間はお父さんがお母さんの面倒を見る老老介護でしたが、「このままではお父さんが大変」というお母さんの訴えもあり、一番上のお兄さんがUターンして地元で就職し、同居することにしました。

Nさんは月に1回帰省して様子を見ていましたが、介護の分担でもめてお父さんとお兄さんの関係があまり良くない。そんな最中、お母さんに直腸がんが見つかり手術をすることになりました。これで、排せつなどさらに身体的な介助が必要となりました。

情報システム会社でウェブディレクターとして働いていたNさんは、自分が間に入る必要があると思い、上司に相談しました。すると、Nさんの会社では法令で定めのある93日の介護休業が1年間の期間に延長されており、さらには休業中の社会保険料を会社が立て替え払いしてくれるというオリジナルの社内制度がありました。そこで、それを使っていったん休職し、実家に戻ることにしました。

お父さんがやっていたトイレ介助やデイサービスへの送迎を代わりにNさんがやることにしたところ、お兄さんがあまり介護に参加していないことがわかってきました。ケアマネさんに相談しましたが当てにならない感じで、「そもそもケアプランがぬるくて、マネジメントの発想がありませんでした」とNさんは指摘します。

その後、介護分担などをお兄さんに問い詰めると、キレやすい性格だったこともあり逆に暴力を振るわれることが2回ほど続き、お母さんから「復職して家を出なさい」と諭されました。地域包括にも相談すると、「あなたは離れたほうがいい」と言われたそうです。

ただ、このまま家を離れるとまたお父さんの負担が増えるばかり。そこで、朝から夜までの介護に関する作業をすべて列挙し、誰がやっているかを明記。それを1週間分にした作業分担のスケジュール表をNさんはエクセルで作成しました。こうした見える化で「日々流されてしまう介護ですが、各人の負担度合いが見えてきます」と説明します。

Nさんがやっていた分はNPOの送迎サービスを利用するなど代替法を考え、同時にお兄さんに対して介護参加への自覚を促したのです。

こうして1年の休業明けとともに復職を果たしたNさんですが、やっぱり家が心配です。そこで東京にいながら、岩手の実家の様子がわかるように、リモコン操作で簡単にSkype機能が使えるBlu-rayを購入し実家にセット。お母さんにSkypeの扱いがわかるよう、紙に手書きで手順を書いて渡しました。現在は日曜の夜7時30分から8時までと時間を決めて、毎週Skypeで連絡を取り合っています。

数年前からお父さんにも認知症が発症したことで、より責任感を持ったのか、お兄さんも徐々に介護に加わるようになったそうです。

介護者の役割は介護環境のマネジメント

普段はクールなNさんが復職前に、私も同席していた介護者の会に初めて参加してきました。自分の介護の話をし始め、DVの話になると泣き始めてしまったのです。私は思わず、「そんな暴力オトコの言いなりになっちゃダメ！」と叫んでしまいました。

でも、そのひと言で、Nさんは家を出て復職する決心がついたと明かしてくれました。

仕事でいつも使っているビジネススキルを介護に持ち込んだNさんは、「介護をビジネス目線でとらえることで、自分事の介護が客観視でき、あえて冷静に見られます」と教えてくれます。

まさにその通りなのです。介護はやはりビジネスのステージで考えたほうが、働く介護者にはわかりやすいし、やり方も見えてきます。そしてみなさんが培ってきたビジネススキルを総動員することもできます。

抱える問題や解決するための情報を探り、しっかりとリサーチを重ねる。その上で、ケアスタッフや自治体、自分の家族・親族、そして会社の上司や同僚に交渉し、上手にコミュニケーションを取っていく。それはまさに介護環境をマネジメントしていくことです。

つまり、介護者の役割とはそうした介護環境をマネジメントする司令塔なのです。

和氣家のケアプランを大公開！

ここまで、仕事と介護を両立している働く介護者たちの知恵や工夫について紹介してきました。介護は、介護する側が倒れてしまったら本も子もありません。まずは介護者が元気で幸せでないと、要介護者も幸せにはならないでしょう。なので、手を抜くのではなく、世の中の「便利」を上手に活用する。ちょっとした工夫で、仕事をしながらの介護も持続ができ、ラクになったりするものです。

そこで、我が家の例をひとつのケーススタディとしてお見せしようと思います。152、153ページにあるのが1週間の母と私の行動となります。何度か見直しをして、今のところ我が家での一番最新のプランです。

ちなみに、私の母は要介護3です。介護サービス（2016年5月現在）で使える限度額は26万9310円となり、自己負担は1割。母は食事の準備はできません。薬も「お薬カレンダー」から「今日のクスリ」を見つけられなくなってしまったので、朝、夜、寝る前については私がお薬BOXから出して渡しています。平日と土曜の昼についてはデイサービスとヘルパーさん、日曜は私といった感じで取り組んでいます。

まず、大前提として「私は働きます」とケアマネジャーさんをはじめ、関わってくるケアスタッフのみなさんには伝えています。

そして、週に1回訪問看護を60分入れることを絶対条件にしています。精神科、

	14:00	15:00	16:00	17:00	18:00	19:00	20:00	21:00	22:00	23:00〜
						19:00	買い物／食事の準備／服薬介助			
				17:30						
						19:00	買い物／食事の準備／服薬介助			
				17:30						
						19:00	買い物／食事の準備／服薬介助			
				17:30						
						19:00	買い物／食事の準備／服薬介助			
				17:30						
						19:00	買い物／食事の準備／服薬介助			
			仕事			19:00	買い物／食事の準備／服薬介助			
				17:30						
		買い出し他／				食事の準備／服薬介助／デイサービス準備　他				

和氣家のケアプラン

		～ 5:00	6:00	7:00	8:00	9:00	10:00	11:00	12:00	13:00	
月	私	6:00起床 食事の準備 服薬介助		7:00						仕事	
	母					9:00			デイサービス		
火	私	6:00起床 食事の準備 服薬介助		7:00						仕事	
	母					9:00			デイサービス		
水	私	6:00起床 食事の準備 服薬介助		7:00						仕事	
	母					9:00			デイサービス		
木	私	6:00起床 食事の準備 服薬介助		7:00						仕事	
	母					9:00			デイサービス		
金	私	6:00起床 食事の準備 服薬介助		7:00						仕事	
	母						訪問 看護 (60)		訪問 介護 (30)		
土	私	6:00起床 食事の準備 服薬介助		洗濯／掃除／買い出し						13:00	
	母					9:00			デイサービス		
日	私	6:00起床 食事の準備 服薬介助		洗濯／掃除					食事の準備／ 服薬介助		
	母										

糖尿病、リウマチ科と複数の科から処方される種類も量も多い薬を一元的に管理してもらっているほか、毎週来て母の状態や容体を定期的に診てもらっています。

訪問看護師さんを入れるまでは、私が薬の管理をしていて大変ストレスに感じていました。そうしたストレスから解放されただけでなく、母のことで気になることがあればすぐになんでも相談できる、我が家の介護の核になっています。

訪問看護師さんとの連携は携帯電話のメールでやり取りをし、日常の変化は必ず伝えます。必要があれば、訪問看護師さんからケアマネさんに連絡してもらい、ケアスタッフ全体で情報共有しています。

もうひとつの要望は、母がひとりでいる時間をなるべく減らしたいということです。週5日のデイサービスは私の出社時間のほうが早いので、お迎えまではひとりで過ごしています。また、母がデイサービスから帰って来る時間より、私の帰宅は数時間後になり、その間はひとりです。

ケアスタッフが集まったサービス担当者会議で「ひとりでいる時間を減らしたい」

と言ったら、デイサービス事業者から、「お母さんはクルマ大丈夫？　酔ったりしませんか？」と尋ねられました。そのデイサービスは自宅から歩いて10分ぐらいのところにありますが、朝は一番に迎えに来てもらい、そのあとほかの人のお迎えに回ります。帰りのときはその逆で、ずっとクルマに乗っていて一番最後に家に送り届けてもらいます。

つまり、クルマの中で預かってもらって、母が少しでもひとりで過ごす時間を減らしてくれたのです。こちらでしっかり要望を伝えておけば、そうした提案もしてもらえるのです。

要望や不安を伝えて心地よい介護環境をつくろう

私もときどき母から離れたいという要望も出しています。すると、ケアマネさんは月に1回、日曜日も預かってくれるデイサービス事業所を探してきてくれました。

さらに、ショートステイの提案もしてくれ、その上「先にショートステイを契約しておきましょう」と言われました。

ショートステイも利用前に契約が必要です。あらかじめ契約をしておくことで、契約の日程は私の休日に合わせてもらえるし、急な仕事でも施設に空きがあれば、利用可能な場合があります。

基本的に残業をしないし、どうしても仕事が残ってしまう場合は在宅で簡単な仕事ができる環境を整えていますが、遠方でのセミナーに行くときなどはこのショートステイを活用しています。月に1回ぐらいのペースです。

2015年から新たに加えた介護サービスはヘルパーさんを入れたことです。週に1回、訪問看護師さんを入れるとなると、その日はデイサービスに行けません。訪問看護の時間以外はほぼ1日、自宅でひとり過ごすことになってしまうのです。お昼ごはんの用意もできませんし、昼の薬もどれを飲んだらいいのか、自分では判断できません。そこで初めて、ヘルパーさんを入れることを決心しました。

「決心」とは大げさに思うかもしれませんが、私にとっては一大決心でした。なにしろ、冷蔵庫を他人様に開けられるし、キッチンの食材も使われるわけです。

「食材さえあれば適当につくるし、なければ買いに行くので大丈夫ですよ」と言われていますが、なんとも落ち着かず、今のところは前日の夜に翌日の母のお昼ごはんを準備して冷蔵庫などに入れておきます。それをヘルパーさんと共有しているホワイトボードに「今日のメニュー」というカタチで指示しておく、ということを続けています。

正直、面倒です。ですから、今後はもう少しヘルパーさんにお任せできるように、自分自身と折り合いをつけていくつもりです。

我が家は介護サービスを利用して7年目で、やっと上手に使い分けられるようになった気がします。母の状態に合わせてサービスを調整できるようになったし、それとともに私の要望も変わっていきました。

当初のケアマネさんへの要望は「介護保険の限度額内に必ず収まるようにしてく

ださい」でした。しかし今は、「多少自費になっても構いません」と伝えています。

私も母も状況は変わりますし、考えも変わります。そのとき、その状況にあった介護環境を整えていくためには、ケアスタッフさんとのコミュニケーションが必要だと思います。

コミュニケーションの目的は信頼関係の構築です。

よく「うちのケアマネさんは使えない」とか、「いいケアマネさんに会えるのは運だ」といった話を聞きますが、ケアマネさんも人で、エスパーではありません。最初から私たち介護者や利用者の気持ちや考えをスキャンして、理解できるはずはありません。

*

我が家に関わってくださっている介護スタッフの方々から、こんなコメントを頂戴することができました。

●訪問看護師・和久津彩子さん（スター訪問看護ステーション）のコメント

「お仕事をされている介護者の和氣さんとは、普段顔を合わせる機会があまりありません。当初はノートで看護報告をしていましたが、回答まではある程度時間がかかったりしたので、携帯電話のメールでやり取りをすることにしました。なにか気になることがあれば、互いにメールを交わして報告や確認がすぐに取れるので、大いに助かっています。介護者が不在のときの心配をなるべく減らすこと。これが、私たちにできる働く介護者のサポートだと考えています」

●ケアマネジャーさん（居宅介護支援事業所ふじみ苑）のコメント

「和氣さんからはいろいろなご要望をいただいていますが、コミュニケーションを重ねることで、ご利用者さんの気持ち・ご家族の気持ちをしっかりくみとっていきたいと思っています。そこにケアマネジャーとしての見解やサービス事業所の見解を加えさせていただき、ご利用者さんもご家族も安心して生活を送れるように、また納得のいく在宅介護が続けられるように支援できればと思っています」

大事なことは自分の口から、要望や不安を伝えてコミュニケーションを重ねること。自分から心を開かなければ、相手も心を開いてくれないと、私は日々実感しています。

時間をかけて少しずつ信頼関係をつくっていけば、心地よい介護環境が整うのではないでしょうか。

第5章

介護離職ゼロを実現するための働く環境づくり

「隠れ介護」をなくせる空気をつくってほしい

介護離職ゼロは社員個人の努力やがんばりだけでは達成できません。働く介護者が働ける環境や雰囲気を、会社や組織がきちんと提供していかないと、本当の意味での介護離職ゼロとはならないでしょう。

そこで、ここからは会社や組織の視点に立ってお話ししていくことにします。というか、こうしていただきたいという介護者側からのお願いとなります。

これまでの章でも再三、触れてきましたが、会社の中にはかなりの数の「隠れ介護」の社員がいると思われます。

隠れ介護は、介護をしていることを「言いたくない」という自分の意思からなる場合と、介護のことを「どこに言ったらいいのかわからない」という状況の場合がありますが、いずれも会社の中で介護をしていることを言える雰囲気がないことが原因です。また、介護のことを相談できる窓口がないのか、あったとしてもすべての社員に周知されていないことに起因します。

こうした隠れ介護が結果的には介護離職を引き起こす元凶のひとつであることを、改めて知っておくとともに理解しておくことが大切です。

経営者と管理職が介護離職を止めるキーマン

では、隠れ介護をなくし、介護離職を防ぐためにはどうしたらいいのでしょうか。

それには、会社の経営者と管理職が介護離職を止めようとしないと、まず無理です。

「介護離職されても、その代わりはいる」

「介護は家のことだから、職場に持ち込むな」

「そもそも介護は女性がやるものだろう」

こういうことを経営者や管理職が思っていたら、必ず態度に出ます。そうした態度は空気で伝わって、それが社風になってしまうのです。

やはり、経営者と管理職が積極的に介護離職防止のキャンペーンに取り組んだり、両立支援に取り組む姿勢を見せたりしなければ、社員は会社に対して期待を持てず、いつ来るかわからない介護にただただ不安を膨らませるだけです。

そうなると、介護をしていることを上司に言ったら、閑職に飛ばされるかもしれない、はたまた会社を辞めさせられてしまうかもしれないと勝手に不安を抱いてしまい、隠れ介護を増やすことになります。

そういうことにならないようにするためには、経営者や管理職が介護とはどういうものなのか、介護をしながら働くということはどういうことなのか、をしっかりと理解しなければならないでしょう。理解していなければ、本気で介護離職を止めようという気にならないからです。

そして、部下から介護のことを相談されたら、どういった対応をし、どんな支援をすべきなのかを、これもまたしっかりと学んでおくことが大切です。

介護をしながら働く社員をきちんと把握する

介護離職とは、介護を理由に勤めている会社を辞めることです。ですから、介護をしている社員を把握しなければ、その人の介護離職は防止できないし、仕事と介護の両立を支援することもできません。

把握するためには、社員に向けてアンケートを行ったり、面談をしたりして、現在介護をしている人は誰なのか、3年後そうしたことになる可能性のある人は誰なのかをきちんと把握する必要があります。

実はこうしたアクションをすでに起こしている会社があります。

シンクタンク・コンサルティング・システムインテグレーションの3つの機能を有する総合情報サービスの株式会社日本総合研究所（東京・品川区）では、48歳の社員を対象にした「キャリア自律プログラム」という3年間にわたる研修・面談のプログラムを2014年から行っています。

雇用年齢の上限を60歳から65歳に順次引き上げていることもあり、従来よりも長く勤めてもらうことになるので、48歳から65歳までの17年間、どのようにキャリアやスキルをアップさせるのかをもう一度見直そうというものです。

このプログラムのフォローの一環として、所属する部の部長との面談が年に2回実施されています。面談では本人のことだけでなく、家族や親兄弟の年齢や住んでいる地域、健康状態、マネープランや趣味・生きがい、近所との付き合いなど、話題は多岐にわたっています。

すべてを答えなければならないものではないようですが、面談のときだけでなく昼休みやアフターファイブにもコミュニケーションの一環として聞いたりもしているので、部下も部長を信頼して話をしてくれるケースが多く、部長は1人ひとりの部下の状況をかなり詳しく把握しているそうです。

結果的には社員が抱える介護状況、今現在している人や今後その可能性がある人などを把握することにつながるわけです。

仮に、介護をしていることなどがわかった場合は、部長がその部下に寄り添い、業務の状況や本人の希望を踏まえ、時短やフレックスといった勤務制度の選択肢を用意し、一緒に最善策を模索します。

「現時点では、こうした相談が多いわけではありませんが、仕事と介護を両立する上での支援方法に関しては各々の状況に合わせて現場よりも制度に詳しい当部から提案することもあります。とにかく、その人にとって働きやすい環境を会社はどう支援できるかを考えていきます」と人材育成部部長代理の田渕祐子さんは話します。

カミングアウトできる空気はこうしてつくられる

同社の話を聞いていると、社員にとても優しい会社だなと思いました。もともと働き方改善への取り組みや労務管理も徹底されていて、離職率も低い、いわゆる「働きやすい会社」なので、もっともな話です。

しかも、面談では「親の健康に不安がある」と答えた社員は初年度の2014年では全体の32％に対し、15年では40％まで増えています。田渕さんは、「自分の不安を上司に開示しても大丈夫だ、という社内空気ができつつある」と分析していま す。これは確実に、介護のことをカミングアウトできる風土が同社には整っていると感じました。

ただ、同社のような会社が今、どのくらいあるのでしょうか。これがレアケースにならないようになれば、仕事と介護を両立することが当たり前な社会にきっとなっていくに違いありません。「社員の人生に寄り添いたいと本気で思っています」。同社の田渕さんのひと言には感動しました。

両立支援の継続的な情報発信も欠かせない

介護離職を防ぐには、会社として社員に向けた介護の情報発信も大切です。

しかも、情報発信は1回やればいいというものではありません。社内のイントラネットに掲載しているから、もう情報発信は済んだと思ってしまうのは大間違い。多くの社員がイントラネットに掲載していることさえ、覚えていないと思ってください。

というのも、介護は所詮、他人事なのです。自分の身に降りかかって初めて「焦る」し、「現実味を持つ」ものです。でも、「そのとき」が来たときにどう対応したらいいのか、会社にどんな制度があるのかといった情報が、手に取りやすいところにあると、介護者は大いに助かります。

会社によっては、介護離職防止のハンドブックをつくったり、IDカードのケースに入るような名刺サイズのカードに「困ったときはここに連絡」と書いたツールを配布したりしています。

提供する側としては、やってもやってもどこまで社員に浸透しているかわからないという徒労感しかないかもしれません。見てないほうが悪い、というのも一理ありますが、忍耐強く両立支援の啓発をしていただきたい。継続的な情報発信が介護離職を止める手立てとなるはずです。

先の日本総研では、「ダイバーシティ」という発想のもと、多様性のある働き方の提案を通して、「誰もが、今までと異なる働き方になる可能性」について触れています。

「介護研修」という名目では、介護に興味関心のある社員しか参加しません。そこで、「育児復帰者セミナー」「イクメンセミナー」「小1の壁セミナー」などといった、男女問わず様々な世代、ターゲットに向けたセミナーを企画し、多くの社員が参加しています。

そうすることで、誰もが今までと異なる働き方を選択する可能性があることを周知できます。つまり、介護を理由とした休暇取得や制度利用が特別なことではない、ということを暗にメッセージしているのです。

部下や同僚から「家族介護」を相談されたら？

介護のことで相談を受けたなら、ぜひ、心から寄り添ってあげてほしいです。「あ、そう」で終わるのではなく、まずは話を聞いてあげる。こうして話しているうちに、介護者は自分の気持ちが整理されたりするものです。

介護は経験していないとなかなか共感できないものですが、言い出しにくいところを勇気を出して報告に来ているのだという、心理状態を想像し、真摯に受け止めていただきたいです。そして、一緒に状況を整理してほしいのです

その上で、さらに上司や人事部に報告する際は「報告したほうがいいよ」ではなく、一緒に行ってあげる。たとえば、「私も介護のことを勉強したいし、一緒に人事部に行くよ。同席してもいい？」などと、寄り添う姿勢を具体的な言葉と行動で示してください。

相談して来た人は、先の見えない介護でとにかく不安がいっぱいです。「あっ、

この人は味方になってくれている」と思ってもらうことが、仕事と介護の両立支援をする第一ステップだと思ってください。

簡単に「施設に預けられないの？」とか「お嫁さんはやってくれないの？」とか「兄弟は手伝ってくれるの？」という話はしてはいけません。介護者は今後をどうしようかとあれこれ悩んでいるので、それをいとも簡単に言われると傷つきます。それでなくても被害妄想が強いので、そういった助言を求めてきたら別ですが、極力介護の態勢についてはロをはさまないほうがいいでしょう。あくまでも仕事、会社の視点で支援してください。

そして「じゃ、当面どうしようか？」「とりあえず、どうしようか？」と話し合っていく。介護は状況が変わってきますので、「当面、どういう働き方をしようか？」「半年後になったら、もう一度打ち合わせをしていこう」とその都度、区切っていけばいいのです。

また、「研修で勉強したけど、いろいろ調べたりするのに日中に電話をする必要があるようだね。そうしたことは遠慮しないでいいよ。ただし、仕事をするときは今まで以上に集中して取り組むように」なんて言ってくれる上司がいたら、最高でしょう。

とにかく「離職」という選択は絶対にしない、させない！　このことはしっかりと肝に銘じて行動してほしいのです。

介護で突然辞められるほうが会社も困惑する

つまり、仕事と介護の両立が目指す目的は、会社にとっては社員の家族介護によって経営を左右されない状況をつくることです。そのために介護の相談窓口をつくることもひとつですし、仕事と介護の両立を支援するためのあらゆる情報提供をしていきます。常に、社員の状況を把握しておくことも必要です。

対して、社員にとっては、とにかく介護離職をしないこと。そして、企業人として会社に貢献することです。介護をしていても、与えられたミッションは集中して、死ぬ気で取り組む。そしてしっかり結果も出すことです。

ただし、誤解してほしくないのは、介護が始まった直後も、以前と同じ成果を求めるのは少々酷な話です。たとえば、8時間働いていて10億円稼いでいた営業マンが、介護が始まって6時間しか働けなくなりました。この人に条件をなにも変えずに、以前と同様の結果を求めるのは酷です。

とある自叙伝で「私は同情されるのが嫌だったので、歯を食いしばって成果を出し続けました」という一文を目にしましたが、これは稀な話。稀だから自叙伝が書けるのであって、まず無理だと思ってください。ほとんどの人が心も体も壊して、病気になります。

では、どうするべきなのでしょうか。

在宅で仕事ができる環境を整えるのもひとつの方法です。思い切って当面の目標をかつての10億円から8億円に下げる方法もあります。チーム編成を見直す方法もあれば、これを機に仕事の効率化を図ることもできます。とにかく、寄り添って一緒に考えていくことがその人への支援となります。

会社にとっては10億円が8億円に減ったので、2億円の損失となりますが、この2億円をどう補てんするのかを考えるのは会社の仕事で、その人が考えることではありません。その代わり、8億円をやるとなったら死ぬ気でがんばる。会社にいる限り、自分に課せられたミッションを果たさなければなりません。

人によっては「自分のために会社の売り上げが2億円減ってしまう」「会社に迷惑をかけている」と思う人もいますが、だからと言って、ふっと突然辞められるほうが会社としては迷惑なのです。

あるいは、介護が始まったことをカミングアウトしないで無理をして病気になられることも、会社にとっては迷惑です。

本当に会社のことを思うのであれば、勇気を出してカミングアウトしてほしい。その勇気は必ず、ほかの社員のためにもなると思います。

とにかく会社として大事なのは、社員に家族の介護が始まったら、その人の働くモチベーションを下げない努力をすることです。

一方、働く介護者は仕事や会社が最高のリフレッシュの場であることを感じてください。そこで楽しく働いて、成果を残せたら自信になります。介護をしながら、成果を上げられたら、きっと大きな自信になり、高いモチベーションを持ち続けることができます。

介護に専念することを支援するのではない

もう一度、整理をしますと、介護離職ゼロを実現するための会社の役割は、介護に専念することを支援することではありません。働きながら介護ができる状況や環境をつくった上で、支援することなのです。

イントラネットに介護の情報を書いておく、介護制度を充実させる。これは提供しただけに過ぎません。役に立つ情報がここにあるよ、こういう制度があるよという周知活動を継続的にやることが支援だと、私は考えます。

そして介護者に寄り添い、心理的負担のケアをするのが支援だと思います。その意味では、相談窓口を設置することなどはすぐできて、有効な方策だと考えます。別に、社内に窓口を常設しなくてもいいのです。

たとえば、神奈川県川崎市で不動産と建築業を手掛ける株式会社NENGO（ネンゴ）のケースをお話ししましょう。

同社は社員数47人、平均年齢30歳と若い世代中心の会社ですが、社長の的場敏行さんは「この規模だと、社員ひとりでも辞められると会社にとっては大変。いつも様々な場合の最悪なケースを想定しながら、舵を取っています」と私のところに相談に来たのです。

そこで、マネジメント層中心の社員に向けた介護の勉強会を開き、全社員に介護に関する情報ハンドブックを配布しました。また、介護について相談したい社員がいたときは、私が相談窓口となって受ける契約を交わしました。

すると、さっそく相談者が現れたのです。「親の介護のことで悩んでいます」という新卒で入ってきた22歳の女性社員でした。その女性の場合は彼女の抱える思いを聞いただけでしたが、相談できる環境があるだけで、その後彼女は辞めることなく同社で働いています。

また、彼女の介護をきっかけにさらに結束力が強くなり、組織がみるみる成長しました。なんとも愛にあふれた会社です。

社内にいる介護者の経験と知恵を価値に変える

社内にもし、介護経験者がいるなら、その人の持つ経験や知恵を有効活用する手段もあります。なにしろ経験者は情報の宝庫です。地域包括支援センターにわざわざ行かなくても、内線1本で相談ができるなら、こんなラクなことはありません。

そして、社内に介護者の会をつくったり、ネットワークを広げたりすることは介護離職を防ぐのにはとても有益といえるでしょう。なにしろ、社内に同じ介護者がいるわけですから、心強い味方ですし、最大の理解者にもなってくれます。

ここで、通販サービスのアスクル株式会社（東京・江東区）での取り組みを紹介しましょう。社内にいる介護者の経験と知恵を上手に吸い上げて、仕事と介護が両立しやすい仕事環境をつくりあげています。

同社は時代の潮流である「働き方の多様性」を具体的に進めるために、2014年に人事部に「ダイバーシティ推進部」という新部門を設けました。2015年には、育児や女性管理職登用といった6つの分科会が発足、そのうちのひとつが介護でした。

介護分科会の6人は、うち4人が介護経験者であり働く介護者、残り2人は独身男性という編成で活動を始め、まず社内のアンケート調査を行いました。

結果は、社員数6774人でアンケートの返信があったのが226人。その4分の

1に当たる約50人が「介護をしている」「家族が介護をしている」と答えたのです。私もいろいろな会社でセミナーをしたり、相談に乗ったりしていますが、こんなに介護者が自ら手を上げるところはありません。

実は同社の社長、岩田彰一郎さんご自身がご両親の介護をしていて、それを公にしています。「自由で風通しのいい会社」というウワサは聞いていましたが、トップが公言しているだけに、予想以上にカミングアウトしやすい環境がすでにできあがっています。

アンケート結果によると、介護への漠然とした不安を抱えている社員が多く、介護の知識や情報を求めている声もあったそうです。そこで、介護分科会では介護セミナーを企画し、ネットで探し当てて私のところに講師の依頼がありました。社内で介護セミナーを開くと、育児のセミナーよりも多い94人の社員の方が集まり、社長の岩田さんも聞きに来ていました。

また、介護分科会のメンバーは介護をしてきた経験から、もっと柔軟な働き方ができたほうが両立につながると、フレックスタイム制や有休を時間単位で取れる就業制度の見直しを提案しました。すると、すぐさま実現化となり、16年3月から本格導入を始めています。この身軽な動きにはまたもや驚かされました。

「我々はすぐに動き、ダメだったら見直すというスタンスでビジネスを進めてきました。介護に関しても同じです」とチームリーダーで、品質マネジメント本部本部長の朋政輝樹さん。朋政さんもまた介護経験者でした。

第1期の介護分科会は社内イントラネットのダイバーシティページに介護のページを新設し、介護に関する情報を集めた介護リンク集を掲載予定とのことです。また、「仕事と介護の両立支援ハンドブック」を製作して社内で配布し、約1年間の活動は終了予定。この活動は、引き続き人事、ダイバーシティ部門と共有して推進していくそうです。

介護者が中心になって、会社の勤務制度を変え、社内の空気を変えていく。仕事と介護の両立が当たり前となる社会の実現に向けて日々活動している私は、ひとつの桃源郷を見たかのような気分となりました。こうした会社が日本でもっと増えてくれることを願うばかりです。

第6章

介護はあなたの人生の「新しいイベント」なのです

介護はたくさんのことを与えてくれます

突然、身に降りかかってくる介護では、親がどんどん変わっていく姿を見せつけられ、目の前の出来事におろおろとし、ショックを受け、パニックになります。介護は決してラクではありません。でも、辛いことばかりでもありません。介護を通して得られることが実はたくさんあります。

介護をしたからこそ味わう体験や感動、介護から教えられること学べること、介護がなかったら知り得なかった境地、出会うことのなかった人や発見と、本当にたくさんのことを私たちに与え、残してくれます。

長年、親と離れて暮らしていたひとりっ子のFさん（43歳・男性）は、3年間の怒濤の介護生活を体験しましたが、お母さんと濃厚な日々が送れたと言います。「テレビを観ながら、3時のおやつにポップコーンを一緒に食べました。こんなシーンって前にもあったなと、ふと自分が幼かった頃の記憶を思い出しました」。亡くなる3か月前の穏やかな思い出を大切に保管しています。

ひとりっ子のLさん（50歳・女性）も、介護をきっかけにお母さんと一緒に暮らし始めました。「今は一緒にコンサートを観に行ったり、お祭りに出かけたり。別々に暮らしていたときにはできなかったことを楽しんでいます。ふたりで母のキラキラとした最終章を綴っていくつもりです」。さわやかな笑顔で私に話してくれます。

「こんなに長い時間を一緒に過ごせたのは良かった」と話すのは、お母さんを医療施設で介護しているGさん（47歳・女性）。6年間の在宅介護の末、やむを得ず施設に預けなければならなくなり、「申し訳ない」という思いを抱き続けていましたが、6年間の月日を思い出し、徐々に「少しぐらい恩返しができたような気もしています」と納得し始めています。

Ｉさん（59歳・女性）の義理のお母さんは、元気だったときは一緒にごはんを食べようとしませんでした。息子のお嫁さんを家に遊び来た「お客さん」として立てようとしたからです。でも、Ｉさん、旦那さん、義理の妹さんとの介護が始まってからは、「私がつくったものを目の前で食べてくれるようになりました。ようやく、私を受け入れてくれたような気がしています」。Ｉさんは以前より気持ちを込めて、お義母さんに感謝を伝えられるようになったと教えてくれます。

メイン介護者の奥さんをサポートするＫさん（42歳・男性）は、「これから長く続く介護に対して、目先のことにとらわれずに先を見ながら進んでいくしかありません。その意味で、支える側として妻を含めた家族の結束と絆がより深まった気がします」と話します。

介護を通じて、介護者も成長していく

介護を通して、自分の成長や変化を感じたという声も多く聞かれます。

他人に弱音を吐くのが苦手だったEさん（41歳・女性）は「肩ひじを張らずに生きられるようになった」そうです。わからないことがあっても、以前は人に尋ねることもできませんでしたが、今は自然と聞けるようになったし、頼みたいことがあれば素直に頼む。

「助けてほしいときには、すぐにSOSを出せるようになりました。そうすると、周りの人が助けてくれます。以前は、たぶん人を信じていなかったんだと思います。介護をしたことで、人を信じられるようになりました」。こうしてEさんが心を開き、信頼すると、相手もEさんを信じてくれる。前に比べると、Eさんはずいぶんとラクに生きられるようになったのだと思います。

介護をして初めてお母さんの手を握れたDさん（63歳・男性）は、人としてかなり鍛えられたと言います。「相手の話を親身になって聞き、こちらも情を込めて話をする。聞き上手話し上手になりました。何歳になっても、親からはいろいろと教わります」。すでにお母さんは亡くなって介護が終わったDさんは「あの経験を生かせれば、今度はすごくイイ介護者になれます」と笑います。

福祉の仕事をするBさん（40歳・女性）は自分が介護者という当事者になったことで、「介護者の痛みが深く理解できるようになりました」と話します。介護の経験が自分の仕事に対する姿勢に変化をもたらし、「今後の仕事に大いに生かされていく」と期待しています。

Jさん（55歳・女性）も介護職のプロなので、自分の介護を客観的に見ることができたとしながら、「老いていくことって、そんなに怖くない」とわかったそうです。

「子どもの頃の自分は親を頼り、親の後を追い、手をつないでもらって安心していました。今は逆です。私を頼る親がいます。認知症で私の名前も言えませんが、私の姿を追ってきます。手を伸ばすと握ってきます。小さい頃の私のように安心しているように」

介護の日々でこうしたお父さんの姿を見つめているうちに、「いつか自分もこの老いた親のようになるんだ」「老いることは当然のことで、そんなに大変なことではない」と年を取っていく自分の準備ができ、心構えができるようになったそうです。

「すべてを受け入れて、相手の尊厳を支えるような思いを持つことができました」。こう振り返るのはご両親がほぼ同時期に認知症を発症し、9年の介護の末、お2人を相次いで亡くしたHさん（49歳・女性）です。介護が始まった当初は、自分ひとりですべてをなんとかしようとし、完璧にできない自分とそうさせてくれない認知症のご両親、そして周りの環境に疲弊したそうです。

でも、「できない自分と認知症の親のことを受け入れたら、とてもラクになったんです」とHさんは言います。できないところは誰かに助けてもらおうというスタンスに変わったそうです。

「父だったら、こういうことが好きじゃないだろうな」「母だったら、こんなのは嫌いだと思うだろう」と相手の尊厳を支える思いで、なるべく寄り添うようにしました。「これは育児では得られない、介護でしか得られなかった大切なことでした」と伝えてくれます。

自分と向き合うきっかけをくれた介護

私自身は介護をして、イイ人に生まれ変わりました。

それまでの私は自分のことしか考えていませんでした。典型的な甘えん坊の末っ子タイプで、家庭でも学校でも会社でも、何事も人任せで、なんでもやってもらっていました。

おそらく世界は自分を中心に回っているぐらいの、自己中な嫌なオンナでした。当然、人に感謝するということがありませんでした。

それが、母の介護が始まって、しばらくは「わからないことがわからない」状態で周りに敵ばかりつくって迷走していましたが、だんだん介護のことがわかり始めてから、そうした角が取れて、初めて自分と向き合うことができるようになりました。

そして、いろいろな人と出会ったことで、「感謝する」ことも覚えたのです。介護のお陰で、自分が本当にやりたい仕事とも出会えることができました。母の介護がなかったら、今の自分がなかったと思います。私にとって介護はとても重要な、人生におけるターニングポイントであり、エポックメーキングだったのだと感じています。

介護が始まったら、自分の人生を最優先に考える

つまり、介護はあなたにとっての人生の「新しいイベント」なのです。新しいイベントが突然ではありますが加わったのですから、それを機会に今後の自分の人生設計を見直してみましょう。

人生設計を見直すことで、自分が介護者となった事実を受け入れられ、ひとりで抱え込むといった間違った介護をしない指針となります。また、介護を一時的なものととらえることなく、自分の人生は自分でつくるという自覚を再認識できます。

そして、人生設計をする際に必ずやってほしいのは、あなたの夢をしっかりと掲げることです。

介護が始まると、「もう自分の人生は終わりだ」「結婚も仕事もあきらめないといけない」と嘆く人がいますが、仕事も人生もあきらめる必要などありません。

私は独身で、40代も半ばですが、まだまだ結婚をあきらめていません。

介護が始まったら、まず絶対最初にしなければならないことは、自分の人生を最優先に考えることです。前にも触れましたが、介護者は誰からもなにからも守ってもらえません。自分で自分の身を守るのが介護者の宿命です。だからこそ、まずは自分のことを要介護者のことより先に考えるのです。

自分はこれからどうしたいのかを毎日毎日考える。今日思っていることが明日変わってしまおうがそれでいいのです。大事なことは自分の心に向き合うことです。これはとても辛い作業です。だけど、そうして考えて、自分で自分に向き合うことはやめないでほしいのです。

その上で、要介護者とどのような関係でいたいのか、どのように関わっていくのかを考えてください。

私は母といつまでも親子でいたいと思っています。母はできないことは増えていますが、私のお母さんなのです。だから、親子でいたい、できる限りというかお嫁に行くまで一緒に暮らしたいと思って日々生活をしています。

こうやって要介護のことを真剣に考えている状態が、すでに介護だと思います。オムツを替えることだけが介護ではありません。自分はどうしたいのか、そして要介護者とどうありたいのかを真剣に考える。これ自体が十分、愛のある家族介護だと考えています。

そして介護者が笑顔でいられれば、それが要介護者の幸せとなると信じています。

仕事と介護の両立キーワードは「MIC」

最低限、忘れてはいけないように、仕事と介護を両立するためのキーワードを考えました。それが「MIC（ミック）」です。

MはMENTALの「M」です。

自分としっかり向き合うこと。今日決めたことが明日変わっても構わないので、自分がどうしたいのかということを常に自分に問うてください。

ＩはＩＮＦＯＲＭＡＴＩＯＮの「Ｉ」です。

介護は情報戦です。ただし、目的を持って、なんのためにどんな情報がほしいのかが明確でないと情報は集めることができません。それがわからない場合は、介護者の会に参加するか、介護経験者に「わからないことがわからないんだけど」と話をしてみてください。自分がなにに困っているのか、なにに不安を持っているのか、なにに疑問を持っているのかが明確になります。情報収集の糸口になると思います。

ＣはＣＯＳＴの「Ｃ」です。

働きながらの介護は気力、体力、時間、そしてお金を大事にして、コスト感覚を持って行動すべきです。

介護をしないという選択肢もあります

介護者は、要介護者という自分ではない人の代わりに、その人の人生を背負い、決めていくことを強いられます。

私の母は認知症なので、判断能力はありません。なので、母の人生と母の決断はすべて私が決めなければなりません。母の責任のすべてを私が負っている。そういう覚悟があって、介護者になれるのです。

だから、介護が始まって、介護者となったら、自分ではない人の人生を決める覚悟が必要になります。

覚悟は今日あっても、明日なくなってしまってもいいと思っています。自分と向き合うことが大事なので、そういう覚悟を持って挑む。もし、覚悟が持てなくなったら、要介護者を手放してもいいのです。手放すことも覚悟なのです。

手放すといってもいろいろあります。3か月手放すのか、1年手放すのか、それともっと長くなのか。はたまた、いったん手放して、しばらくしてなにかが違うと感じたら態勢を整え直して、また介護に参加すればいいのです。選択肢はいくらでもあります。

もし、介護が辛くなったり、自分の人生が思うように行かなくなったら、「介護をしない」という選択肢もあるということを知っておいてください。介護のすべてを放棄するという選択をしても、決して非道なことではありません。

なぜなら、そこに至るまでに、もう辛い、もう無理だと泣くほど考えているのですから。もちろん、その辺に放置するのはダメです。場合によってはあなたが罰せられる可能性があります。しかるべきところに行って、「もう、無理です。このままではなにかしてしまうかもしれません」と話をしてください。

ときには、そういう決断を親戚や周りから「親不孝」などと言われるでしょうが、決して非難されることではありません。死ぬほど考えて出した結果なのですから、その過程もその選択も十分、愛と責任のある行動だといえます。

結局のところ、介護離職をするもしないも、仕事と介護の両立をするもしないも、あなたの意思次第なのです。

周りは支援しかできません。「辛い！」「助けて！」「なんとかして！」「不安！」

と声を上げなければ、誰も助けてくれません。声を上げてくれなければ、あなたが苦しんでいることに誰も気づかないのです。

でも、声を上げさえすれば、助けてくれる人は必ずいます。隣の席の人が助けてくれなくても、そのまた隣の人が助けてくれるかもしれません。家族にもいない、会社にもいないとなったら、自治体や地域に出向いてください。勇気もパワーもいることですが、あなたの人生に関わる行動です。そうすれば絶対、誰かが助けてくれます。

もし、仕事を辞めますか、介護をやめますかという究極の選択となったら、ぜひ「介護をやめる」という選択肢があることを知っておいてください。仕事を辞めて家にこもり、要介護者との生活になると、極論を言えば行き着くところは「死ぬか殺すか」です。それが介護離職の行く末です。

介護をやめる、要介護者を手放す。逃げることは犯罪ではありません。愛のある判断であり、それこそが愛のある介護だと思います。

特別付録

いざというときに
役立つ
「介護の初動マニュアル」

介護が始まったときに、まずなにをしたらいいのか、なにをすべきなのかを簡単にまとめてみました。「いざというとき」のマニュアルとしてお使いください。

●介護の準備は2つだけ

介護の準備は2つだけで十分です。もちろんお金やら親の意思確認やら言いだしたら切りがありませんが、厚生労働省の資料にもある最低限の準備は次の2つです。

①介護保険、介護サービスの概要または存在を知っておいてください。
②相談先を知っておいてください。

●介護保険、介護サービスの概要を知っておこう

細かい手続きの段取りを覚える必要はありません。一番おススメなのはご自身が見やすいと思うインターネットの介護情報サイトをお気に入り登録しておくことです。介護情報サイトといってもたくさんあるので、介護サービスの概要や手続き方

法が図解で掲載されているものがいいと思います。

余談ですが「要支援要介護認定の申請に医師の診断書が必要です」と書いてあるサイトは信用してはいけません。要支援要介護認定の申請には医師の診断書を家族がもらってくる必要はありません。無駄な出費は控えましょう。

現在、介護業界は変革期にあり法令や手続き、サービスなどが頻繁に変わっています。ですから、まだ介護に直面していないのであれば細かい手続きを覚える必要はないと思います。

重要なのは「介護はプロの手を活用できる」ということを知っておくことです。とはいえ、次のことぐらいは覚えておくといいと思います。

①介護保険料は40歳以上の方に納付義務があります。介護保険料を納付していないと介護保険の介護サービスを利用する際に自費になります。これは医療で考えるとわかりやすいですよね。健康保険料を納付していなければ医療サービスは自費で

受けることになっています。

②介護サービスの利用には自己負担があります。つまり介護保険料を支払っていても介護サービスを利用するときはお金がかかるということです。これも医療と同じですね。医療サービスを受ければ窓口負担はその方の所得に応じて3割だったり1割だったりするけれど、お財布からお金を払います。

③介護サービスは要介護者のためのサービスです。私たち介護をする家族のためのサービスではありません。私たちが働きに出るからヘルパーさんに自宅の掃除をしてもらうのではなく、要介護者の生活援助のためにヘルパーさんに来ていただくのです。

④介護サービスには、

・専門職（ヘルパー、訪問看護師、訪問リハビリなど）が要介護者の自宅を訪問して受けるサービス。

・専門職がいる施設（デイケアセンターやデイサービスセンター）に通うサービス。

・要介護者の住宅ごと変えてしまうサービス。
・ベッドやトイレを買ったり借りたりするサービス。
・自宅の階段や玄関、トイレに手すりを付けたり、段差を解消する工事をするサービス。

こういうサービスがあるということを知っておいてください。

●相談先を知っておこう

介護の相談窓口には、①市区町村役場にある高齢福祉課（地域によって名称は異なります）という、介護保険の取り扱いをしている窓口②地域包括支援センター③ケアマネジャー④介護者支援団体、介護者の会⑤介護経験者⑥会社の人事部や総務部、ダイバーシティ推進室などがあります。厳密にいえば相談内容によって相談窓口は異なります。とりあえず、介護が気になったら地域包括支援センターへ行きましょう。

個人的におススメの「介護よろず相談」は「会社の中の介護経験者」です。地域包括支援センターに電話するよりも、内線一本で社内の介護経験者へ。つまりは経験者に聞くのが一番手っ取り早いということです

●介護って、どうやって始まるの？

介護は主に①病院から始まる②家族の申請から始まる③通報から始まるという3つのパターンがあります。

「病院から始まる」は、救急車で運ばれた、あるいは、かかりつけ医から介護サービスの利用提案があった、などが考えられます。

「家族の申請から始まる」は、呂律がおかしいとか物忘れが激しいとか、言動が変わったとか、お父さんお母さんの様子の変化に気づいて専門医を受診して始まるパターンです。

「通報から始まる」。これもよくあることです。「うちの娘が財布を盗んだ！」と近くの交番に駆け込むのです。警察官も高齢者の対応を研修しておりますので、警察官から自治体に連絡が入り、後日地域包括支援センターの係員が自宅を訪問したりして始まるパターンです。

●介護が始まったら、どうしたらいいの？

まずは地域包括支援センターに行きましょう。ただし、地域包括支援センターに行くにもルールがあるので気をつけてください。

①介護を必要としている人の居住区の地域包括支援センターに行ってください。会社のそばの地域包括支援センターではだめです。地域包括支援センターは中学校区に1つ以上あって、そのセンターが統括している地区が決まっています。インターネットから検索できますので「○○市　地域包括支援センター」と入力して検索し

てください。

②概ねの地域包括支援センターは平日17時までの対応です。会社帰りに気軽に立ち寄ることができません。しかし、最近では土曜日の対応をしてくださるセンターもありますので「土曜日に伺いたいのですが」と一度質問してみてください。この「質問力」が特に働く介護者には必要なスキルです。

③手ぶらで行かないでください。場合によっては訪問時に要支援要介護認定の申請手続きをすることもあります。申請手続きには「介護保険証の番号」「かかりつけの主治医氏名、医療機関名、所在地、電話番号」「個人番号」などの記入が必要です。手ぶらで行くと、その場で解決できるものもできない場合があります。

④予約が必要な場合もあります。ですから、右記の件も含めて訪問前には必ず電話をすることをおススメします。そして、「土曜日に伺ってもいいですか?」「持っていくものはありますか」と必ず質問してください。そして、電話応対してくださった方のお名前は必ず伺い控えておきましょう。

以上が主なルールです。

そしていよいよ訪問日です。地域包括支援センターの担当者はエスパーではありません。あなたが「なにを求めて訪問しているのか」はまったくわかりません。大事なことは「訪問する目的」を明確にしておくことです。

「介護経験者あるあるある」では、「病院の人に『地域包括支援センターに行きなさい』と言われたから、地域包括支援センターに行ったら、地域包括支援センターの人に『どうされましたか?』と聞かれたので、『病院の人にここへ行くように』と言われたから来ました」と話す人はとても多いです。もちろん私もそのひとりでした。

介護の初動は「わからないことがわからない」状態です。

目的を持てと言われてもそもそも地域包括支援センターがなにをしてくれるところなのかもわかりません。ですから「医師から親に介護が必要だと言われましたが、なにもわかりません。どうしたらいいのでしょうか?」としっかり自分の言葉で今の気持ちを伝えてください。「わからない」と伝えることは決して恥ずかしいことではありません。

むしろ、「ここ（地域包括支援センター）が何をしてくれるところなのかもわからないし、なにからどのように動いたらいいのかもわからないのです」と言って構いません。そして「私は働いています。仕事は辞めたくありません。介護もやったことがないのでできません」と付け加えてもいいと思います。とにかく意思をはっきりと伝えることが大事です。

●選択肢は必ず2つ以上もらいましょう

医療が科学であれば、介護は哲学かな。答えがあるようでない。これが介護だと思います。たとえば、あなたは「入所」を選択しても、親族は「在宅」を勧めることもあります。Aというケアマネジャーさんと話がかみ合わなくても、Bというケアマネジャーさんとは肌が合うこともあります。

選択肢が多過ぎるのも介護の初動においては困惑の原因になりますが、選択肢がないのもそれはそれでがんじがらめになってしまいます。また、そのときの感情で決め打ちすると、あとで家族や親族という外野から反対意見が入り、二度手間三度手間を繰り返すこともあります。

ですから、一応自分の意思は持ちつつも、Aパターンの場合、Bパターンの場合など、選択肢は2つ以上もらいましょう。そしていくつかの方法論をテーブルの上に並べて、要介護者に関わる家族や親族に説明をして、意思統一を図っていくといいと思います。

関わる人が多ければ多いほど意思決定には時間がかかります。最終的に意思決定する人、責任を負う人を決めておくことも重要です。私のように意思決定するのがひとりの場合でも、その場の感情で決めず、一旦冷静に考える時間があってもいいと思います。

とにかく「これしかない」ということはありませんのでご心配なく。万が一、地域包括支援センターで「あなたの場合はこれしかない」と言われたら、すぐに担当者を変えてもらいましょう。提案するのが面倒だからそう言っているのであって、しっかり寄り添ってくださる方とお話ししないと時間の無駄です。ご注意ください。

●不安・困っていることを列挙する

地域包括支援センターの係員にもスキルというものがあります。いろいろな人がいるってことです。「当たり」に会える場合もあれば、「はずれ」に当たることもあります。あなたの不安を上手に引き出せる人もいれば、そうではない人もいるということです。

ですから、運任せにしないためにも、まずは、自分が困っていることを列挙します。あくまでも「自分軸」で考えてください。

たとえば、朝起きてから、夜寝るまでのあなたの行動を丁寧に分解し、要介護者の行動と照らし合わせます（ベッドから起きる、歯を磨く、トイレに行く、食事をする、薬を飲む、といった具合）。すると、困っていること、不安に思っていることが具体的に見えてきます。それを列挙していけばいいのです。

●そして最後に、会社への報告を忘れずに

働く介護者の介護の初動において会社への報告は絶対です。なぜなら、どうしても平日の休みは必要になるし、就業中の電話も多くなります。準備のためにリサーチするにしても、夜中にインターネットで下調べをして、日中に地域包括支援センターに連絡する。という流れは必ずあります。お昼休みに電話をすることも考えられますが、そうするとあなたの休憩時間はなくなってしまいます。

介護は長期戦です。そして最初が肝心です。それは環境整備もしかり、会社に対してもしかりです。

上司も介護を知らなければなぜそんなに休みが必要で、なぜ仕事中に電話をしなくてはならないのかも理解できません。

ですから、①介護の環境整備のために各専門家との調整が必要です。彼らの就業

時間と私の就業時間が同じなので、どうしても日中に電話がかかってくることもあります。他の方に迷惑のかからないようにはいたしますが、私用電話に出ることをご容赦ください。②介護環境の整備のために、手続きや施設の見学に行くことがあります。事前に予定を組んだ上で報告しますが、介護休暇を使わせてください。③まずは環境の整備で概ね3か月ぐらいはバタバタします（要介護者の状況や物理的距離により大きく変動します）。逐一状況は報告いたしますが、ご容赦ください。その後、場合によっては働き方の見直しが必要になるかもしれません。その時は相談させてくださいなどと、具体的に伝えるといいと思います。

このように、介護の初動にどんなことが起きるのか、仕事にどのような影響がどのくらいかかるのか、というのは働く介護経験者しか知りません。会社の中に介護者の先輩がおられるのであれば、ネットワークをつくっておくことをおススメします。そして、今後どのようなことが起こり得るのか、どのくらい会社を休むことになるのか、など聞いてみるのもいいと思います。社内に味方や理解者がいるのといないのでは居心地が変わってきます。

●働く介護者便利シート

地域包括支援センターに行くときの準備事項や、介護サービスを利用するときのケアマネジャーさんとの打ち合わせに活用できる「働く介護者便利シート」を作成しました。こちらのサイト（http://carers-concier.com/dl/）からダウンロードをしてお使いください。

「これさえあれば問題ない！」というものではありませんが、地域包括支援センターの方やケアマネジャーさんに自分の意思を伝えるための一助となるツールです。「わからないことがわからない」わけですから、意思表示をしろと言われても、そもそも酷な話です。

このシートはあなたの意思表示を手助けしてくれるツールです。ちなみに、このシートの項目は地域包括支援センターを意図せず何度も往復したり、ケアマネジャーさんとの意思の疎通に苦労してきた私たちの、汗と涙の経験と愚痴とクレームを知恵としてまとめたものです。
「あなたの経験が誰かのためになる」と愛情を込めてつくりました。ぜひ、活用していただければと思います。

いざというときにあなたの味方になってくれる
介護者支援団体・介護者の会リスト（2016年5月現在の情報です）

介護者支援団体

●NPO法人介護者サポートネットワークセンター・アラジン（東京都新宿区）
http://arajin-care.net/
［電話］03－5368－1955

●ＮＰＯ法人てとりん（愛知県春日井市）
http://tetorin.jimdo.com/
［電話］　０５６８－４１－８８４４

●男性介護者と支援者の全国ネットワーク（京都府京都市）
http://dansei-kaigo.jp/
［電話］　０７５－４６６－３３０６

●ＮＰＯ法人つどい場さくらちゃん（兵庫県西宮市）
http://www.tsudoiba-sakurachan.com/
［電話］　０７９８－３５－０２５１

介護者の会

●働く介護者おひとり様介護ミーティング（東京都杉並区）

［開催］ 奇数月第３土曜日13：30～15：30

［電話］ ０３－６２７７－５４５６

（ワーク&ケアバランス研究所）

●娘サロン（東京都杉並区）

［開催］ 毎月第４土曜日 14：00～16：00

［電話］ ０３－６３１７－１６３４

（ケアラーズカフェ・新高円寺）

●息子サロン（東京都新宿区）

［開催］ 毎月第１土曜日 13：00～15：30

［電話］　０３−５３６８−１９５５
（ＮＰＯ法人介護者サポートネットワークセンター・アラジン）

●シングル介護交流会　長崎シングル介護を考える会（長崎県長崎市）

［開催］　奇数月　最終土曜日　14：00〜16：00
singlekaigo@gmail.com

●もちよりカフェ（東京都世田谷区）

［開催］　毎月第４金曜日　19：00〜22：00
問い合わせ　http://blog.goo.ne.jp/setacafe
（ケアコミュニティ・せたカフェ）

［おわりに］

あなたの経験が誰かのためになる

亡くなった父が「お前は将来、きっといい友達に恵まれるよ」と言っていました。当時、父がなにを考えてそう言ったのか、今では確認のしようもありませんし、その後も父の言葉をあまり深く考えることもしませんでした。でも、40歳を過ぎて、ようやくその意味がわかってきた気がします。

私は今、父が言うところの「いい友達」に囲まれていることを実感しています。この書籍をつくるにあたり、本当に本当にたくさんの方にお力添えをいただきました。感謝という言葉では言い表せないほどの気持ちでいっぱいです。

「あなたの経験が誰かのためになる」としつこく、加えて暑苦しい信念で介護者仲間を口説きました。

「時系列が定かでない」「介護といったって大したことしてないよ」「あまり覚えてないけどいいの？」とみんな口々に言います。そんなディテールはどうでもいい。みんなの経験がカタチになるんだ！　と口説きまくりました。私のように過去のことでＰＴＳＤ(心的外傷後ストレス障害)になっておられる方もいます。にもかかわらず私はなかば無理やり協力してもらいました。

が、いざ自分で自分の記憶の掘り起こしをしようとしたら、吐き気と悪夢に襲われました。パソコンに向き合うだけで体が拒否反応。暑苦しい信念だけで口説いてしまったことを激しく反省しました。「みんな体を張ってくれているんだな」とつくづく感じました。

それでもこの書籍の発行にそれぞれの思いを込めてくれました。だから愛情たっぷりの1冊になったと自負しています。

そして、取材から編集、私のお守までおんぶに抱っこで一緒につくってくださった佐藤俊郎さんには本当に感謝しています。本の企画に賛同してくださった毎日新聞出版の五十嵐麻子さんのご尽力にも感謝します。ご縁がご縁をつないで最強チームで取り組むことができました。本当にありがとうございます。

介護を取り巻く問題はこれからもっと増えると思います。今、介護に悩んでいる方、明日、介護者になるかもしれない方。そんな方々にこの本が届いてほしいと願っています。

そして、この書籍を手に取ってくださったみなさまはすでに「介護の情報源」であり、時代のパイオニアです。介護の経験のあるなしではありません。あなたが日常の会話に少しだけ、「こんな本を読んだよ」と言ってくれるだけで、目の前の友達が助かることがあるかもしれません。

「あなたの経験が誰かのためになる」

そんな、私たちの思いを誰かに伝えてもらえたら嬉しいです。たぶん私はこれからも引き続き、たくさんの方々にご迷惑とご心配をかけていくかと思いますが、何卒、今後ともご指導ご支援のほど、よろしくお願いいたします。

2016年5月

和氣美枝

和氣美枝《わきみえ》

1971年生まれ。一般社団法人介護離職防止対策促進機構（KABS）代表理事でワーク＆ケアバランス研究所主宰。マンションディベロッパーに勤務していた32歳のときに母親がうつ病、ついでアルツハイマー型認知症を発症し、それまで食事から洗濯、掃除とすべてを母親に任せっ切りだったが、母親の介護をしなければならないことになり、自身も「介護離職」をした。離職後、経済的、精神的、そして肉体的な負担が増えることを体験し、働きながら介護をする大切さを痛感する。同時に、両立させるための情報が一元的に入手しにくい実情も知り、働きながら介護をする人たちの情報交換や発信の場として、2013年から「働く介護者おひとり様介護ミーティング」を主宰し2014年7月にはワーク＆ケアバランス研究所を、2016年1月に一般社団法人介護離職防止対策促進機構を立ち上げ、「働く」と「介護」両立の啓蒙活動を展開している。2016年5月現在で介護歴は13年目。

介《かい》護《ご》離《り》職《しょく》しない、させない

印刷　2016年5月15日
発行　2016年5月30日

著者　和《わ》氣《き》美《み》枝《え》
発行人　黒川昭良
発行所　毎日新聞出版
〒102-0074
東京都千代田区九段南1-6-17　千代田会館5F
営業本部　03-6265-6941
図書第二編集部　03-6265-6746

ブックデザイン　五味朋代（フレーズ）
イラスト　木村陽子
DTP　江部憲子（フレーズ）
校正　有賀喜久子
編集協力　（株）ウェブユニオン
構成　佐藤俊郎

印刷・製本　株式会社　廣済堂

ISBN978-4-620-32381-7